DE L'INSTITUTION

COMPARÉE

DES POSTES,

EN FRANCE ET A L'ÉTRANGER,

ET

DES INNOVATIONS

SOUMISES PAR L'ADMINISTRATION A UNE COMMISSION,

Par Joubaud,

AVOCAT A LA COUR ROYALE

« Aujourd'hui qu'un système uniforme des postes
« existe pour la gloire de l'Administration et le
« bonheur de la France, il ne peut être maintenu
« avec trop de soin. »
(*Rapport au tribunat sur les Postes*, par M. DE PRÉVILLE, aujourd'hui président de la commission.)

PARIS,

CHEZ MADAME GOULET, LIBRAIRE, PALAIS-ROYAL.

1838.

TABLE DES MATIÈRES.

pag.

OBSERVATIONS PRÉLIMINAIRES. 1

CHAPITRE Ier. — *De l'état actuel des relais.* — Origine des postes, royale et démocratique à la fois. — Dangers dont elles étaient menacées en l'an VII. Loi du 15 ventôse an XIII; sa nature, son objet, ses résultats. — Situation actuelle des relais; erreur générale sur les éléments de leur prospérité, combattue par l'administration. — Preuves fournies par elle : diminution des recettes, augmentation des dépenses; tableaux. — Produit des postes doublé pour l'État. — Vitesse augmentée et prix de conduite diminué. — Exemple contraire donné par l'Angleterre. — Rapidité comparée du transport dans les deux royaumes. — Comment les relais se maintiennent-ils en France? Problème et solution. 5

CHAPITRE II. — *De la mise en adjudication publique des relais.* — Première tentative d'une nouvelle organisation des postes, en 1831. — Plan présenté alors par le directeur de l'administration; projet de loi : dépossession des titulaires; indemnité illusoire; mise en adjudication publique

DE

L'INSTITUTION DES POSTES,

EN FRANCE ET A L'ÉTRANGER.

PARIS. — IMPRIMERIE DE LB. THOMASSIN ET CIE,
RUE SAINT-SAUVEUR, 30.

pag.

des relais. — Le projet est aujourd'hui reproduit. — Dangers de cette première atteinte portée à des existences consacrées par les lois; celle des maîtres de poste est exceptionnelle et entourée de garanties spéciales. — L'innovation proposée est spoliatrice dans sa base, funeste pour l'État dans ses combinaisons, pleine d'obstacles dans l'exécution. — Opinion de M. Odilon-Barrot sur ces trois propositions. — Résumé. 20

CHAPITRE III. — *De la perception et de la répartition de l'indemnité de 25 centimes, créée par la loi du 15 ventôse an* XIII. — Discours du président de la chambre des députés, le 20 juin 1838. Il renferme trois propositions : « La loi du 5 ventôse an XIII est rigoureuse pour les classes peu aisées. » — Elle est plus libérale que la loi de la Convention, qu'elle modifie. Son interprétation par les tribunaux attaquée et justifiée. — « La perception doit être changée. » Le mode proposé grève sans utilité le Trésor. Le mode actuel est légal : termes de la loi. Il est logique : nature de l'indemnité; ce n'est pas un impôt. Erreur grave sur l'objet du réglement annoncé par la loi. — « La répartition actuelle est illégale; elle doit être faite avec plus d'équité. » — La répartition actuelle est conforme à la loi : principe de cette loi. La modification indiquée viole des droits créés à titre onéreux. M. Odilon-Barrot établit son injustice M. Humann et l'administration la qualifient de spoliation. Véritable but de la centralisation dévoilé. Illusions de certains titulaires détruites. — Poste de Paris : ses recettes et ses charges; tableaux : résultat. . . . 35

CHAPITRE IV. — *Des Postes Étrangères.* — ALLEMAGNE. Propriété des relais méconnue ; réparation ; congrès de Vienne. Système des postes sous la domination du prince de la Tour et Taxis. — PRUSSE. Organisation exceptionnelle. — ITALIE. Monopole au profit des différents gouvernements ; il s'étend sur toutes les voitures publiques. Lignes non montées. — ESPAGNE. Situation précaire des relais ; améliorations ajournées. — BELGIQUE. Système français conservé. Les charges non transmissibles ; exception à cette règle pour les maîtres de poste. Maintien de l'indemnité de vingt-cinq centimes ; son extension projetée. — HOLLANDE. Système français introduit par le roi Guillaume. — ANGLETERRE. Enquête ordonnée par le parlement sur les postes. Exemple de respect pour les vœux pag.

parlementaires; exemple contraire chez nous. Règles de justice distributive autrement comprise dans les deux pays. Les postes en France marchent plus économiquement, plus régulièrement et plus vite; documents officiels produits sur ces trois points. Conclusion. 66

CHAPITRE V. — *Des Chemins de Fer, et de l'Indemnité réclamée par les maîtres de poste.* — Le principe de l'indemnité se trouve écrit dans l'ancienne législation. — La loi de l'an XIII le consacre. — L'existence des relais est subordonnée à son application aux chemins de fer. — Réclamation adressée par les maîtres de poste à la Chambre des deputés en 1838. — Rapport de MM. Vivien et Vitet. — Conclusion. 87

FIN DE LA TABLE.

OBSERVATIONS PRÉLIMINAIRES.

Vers la fin du mois d'août dernier, dans la plupart des journaux, se trouvait l'annonce suivante :

« Une commission appelée à émettre son avis sur l'état actuel des postes, et sur les modifications à apporter aux lois qui les regissent, vient d'être formée. Sont nommés membres de cette commission :

« MM. De Fréville, pair de France.
Laplagne Barris, *id.*
Vivien, conseiller d'État, député.
Maillard, *id.*
Conte, directeur de l'administration des postes.
Boursy, direct. de l'administ. des contrib. indirectes.
De Boubers, secrétaire général aux finances.
Delaire, directeur du contentieux aux finances.
Rielle, directeur du mouvement des fonds aux finances.
Rodier, direct. de la comptabilité génér. aux finances.
Gravier, caissier de la caisse d'amortissement.

« Le mode de répartition du droit de 25 centimes, l'indemnité réclamée des chemins de fer, soulèvent de graves questions, qui seront dominées par celle, déjà agitée en 1832, du retrait des brevets et de la mise en adjudication publique des relais. La commission a déjà tenu une séance, et s'est ajournée au mois d'octobre. »

Vers la même époque, une commission était aussi instituée en Belgique, mais dans un but diamétralement opposé. Son objet est de consolider l'institution dont la

France l'a dotée. Sa composition répond à la fin qu'elle se propose; car dans ce pays de sens profond, où l'on va droit au fond des choses, le prestige des noms disparaît devant la spécialité des hommes. Sont nommés commissaires :

MM. Blargnies, conseiller à la cour d'appel, président;
Bousman, inspecteur général des postes de l'armée;
Broune, inspecteur des postes;
De Mevius, *idem ;*
Piéton, maître de poste à Namur;
De Melin, *idem*, à Mons;
Dangonau, *idem*, à Wavre(1);
Plaisant, inspecteur des postes, secrétaire.

Ainsi, en Belgique, les maîtres de poste ne sont pas seulement interrogés, consultés; ils ont l'initiative des mesures destinées à améliorer l'institution : en France, c'est par un article de journal qu'ils apprennent que leur existence est menacée.

En Belgique, les membres de l'administration des postes réunissent leurs lumières; ils délibèrent entre eux, et ils offriront à une commission d'abord, et, si besoin est, à la législature, le tribut de leur commune expérience. Chez nous, si nos renseignements sont exacts, les employés supérieurs, le conseil d'administration même, contrairement à un usage constamment observé, n'auront pas été consultés; et une perturbation générale dans les postes aura été l'objet des méditations solitaires du chef de ce service important.

---

(1) Parmi les maîtres de poste figurent, en France, d'anciens élèves de l'Ecole polytechnique, des membres du conseil général de la Seine, du conseil général d'agriculture présidé par le ministre du commerce, des députés, des pairs, etc.

Empressons-nous de le dire : quelque féconde en novateurs que soit notre époque, aucun d'entre eux n'avait conçu la pensée d'un pareil bouleversement. Législateurs, publicistes, hommes de théorie comme hommes de pratique, nul n'avait, jusqu'à ce jour, attaqué un ordre de choses qui fonctionnait au milieu d'un concert unanime d'éloges. Mais, pour n'être que la conception d'un administrateur isolé, le plan qu'il a formé ne rend pas moins la position fort grave. Cet administrateur est tenu pour habile. Quelques esprits auront été préparés ; les illusions où jette l'art de grouper les chiffres de certaine façon peuvent être contagieuses : le danger serait donc sérieux si le nom des hommes éminents désignés par le ministre, pour éclairer sa religion, n'offrait pas la garantie d'un examen consciencieux.

Mais si la combinaison présentée reste dans les termes d'un essai hasardeux, devant lequel reculera la sagesse de la commission, d'autres questions d'une haute gravité fixeront son attention.

La répartition actuelle de l'indemnité, accordée aux maîtres de poste par la loi du 15 ventôse an XIII, doit-elle être maintenue ? Faut-il changer son mode de perception ? et, avant tout, l'indemnité elle-même continuera-t-elle à subsister ?

Et, vainement, les faibles avantages que la législation actuelle concède à nos relais seraient maintenus ; les chemins de fer les rendraient, sur plusieurs lignes importantes, complètement illusoires, si le même esprit d'équité, qui a dicté la loi du 15 ventôse, ne recevait pas ici une nouvelle application. Mais comment cette indemnité devrait-elle être assise ? quelle sera sa quotité et sa répartition ? Ce sont là des points graves, d'une solution difficile, car il faudra, par un de ces tempéraments protecteurs de tous les intérêts, concilier la faveur due au progrès, loi de notre époque, avec le respect des droits acquis, loi de tous les temps.

Enfin nos légations auprès des divers gouvernements sont chargées de se procurer des documents sur la législation qui régit les postes dans ces états. Nous présenterons le résumé de nos propres investigations. Nous verrons que les peuples voisins ou nous imitent ou nous envient; et que ceux-là à qui nous allons demander l'exemple, ou bien l'ont reçu, ou aspirent à le recevoir de nous. L'Angleterre nous ouvrira ses archives; et là des documents officiels nous offriront un grave enseignement. Ils nous diront comment, dans ce pays de sage progrès, on comprend le respect des traditions; et, par une remarquable analogie, que d'autres auraient dû méditer avant nous, les innovations que l'on voudrait hasarder en France, en 1838, vont se trouver jugées, en 1835, dans une enquête solennelle faite au sein du Parlement anglais.

La matière que nous allons traiter est à la fois grave et nouvelle : elle n'a été l'objet d'aucun débat parlementaire; la presse ne s'en est point occupée; peu de publicistes l'ont étudiée. On ignore, en général, en France, quelle est la situation réelle de nos relais, comment ils se soutiennent, quelles sont leurs charges, et surtout quels sont leurs droits. On jouit des avantages d'un état de choses que le temps a amené, sans trop s'enquérir des sacrifices qui l'ont préparé et consolidé. Long-temps les maîtres de poste ont eu intérêt à ne repousser qu'avec réserve bien des exagérations : le moment de tout dire est venu.

CHAPITRE I.

DE L'ÉTAT ACTUEL DES RELAIS.

Origine des postes, royale et démocratique à la fois. — Dangers dont elles étaient menacées en l'an VII. — Loi du 15 ventose an XIII; sa nature, son objet, ses résultats. — Situation actuelle des relais; erreur générale sur les éléments de leur prospérité, combattue par l'administration. — Preuves fournies par elle : diminution des recettes, augmentation des dépenses; tableaux. — Produit des postes doublé pour l'État. — Vitesse augmentée et prix de conduite diminué. — Exemple contraire donné par l'Angleterre. — Rapidité comparée du transport dans les deux royaumes. — Comment les relais se maintiennent-ils en France? Problème et solution.

« L'institution des maîtres de poste remonte à l'année 1464 : Louis XI en fut le fondateur. En même temps qu'il instituait les postes, l'Université de Paris créait les messageries, dont elle conserva le privilége jusqu'en 1719. Le gouvernement la lui racheta moyennant une rente de 300,000 livres ; et c'est ainsi que l'état, déjà en possession du droit exclusif des postes, réunit à son privilége celui de l'exploitation des messageries. *La conduite de ces voitures devint en même temps le droit des maîtres de poste* ; et ce droit, consacré dans différents édits antérieurs à la révolution, fut reconnu depuis cette époque, et notamment par la loi du 29 juillet 1793 (1). »

Jusqu'à ces temps d'orage, les postes avaient vu accroître leur prospérité; et alors, encore, l'excellence de son principe sauva l'institution. Même à cette époque de rénovation sociale, la défaveur attachée au mot privilége tomba devant la nécessité d'un service si fortement organisé; et la royale création reçut, le 29 juillet 1793, sa consécration démocratique.

La loi du 9 vendémiaire an VII prononça la suppression de la régie des messageries nationales, et livra cette exploitation à l'industrie privée. Les intérêts des maîtres de poste furent oubliés. Le gouvernement reconnut bientôt sa faute. Soumis aux mêmes charges, et perdant le droit exclusif qui en formait la juste compensation, *les relais allaient périr* (2). Le 15 ventôse an XIII, intervint la loi, motivée sur la désertion générale des relais, qui oblige tout entrepreneur de voitures publiques à payer par poste, et par cheval, 25 centimes au maître du relais dont il n'emploie pas les chevaux.

Cette loi, dont les sages dispositions sont aujourd'hui menacées, respectait tous les intérêts. Du moment où l'État voulait conserver les postes, tout en consentant à ce que le privilége exclusif qui les ferait vivre disparût, il fallait bien qu'il fît peser, sur ceux à qui la concurrence allait profiter, le poids d'une compensation dont autrement il aurait dû faire les frais.

L'indemnité, accordée par cette loi, devait suivre et a suivi la progression du mouvement imprimé à l'industrie; mais, comme cette indemnité n'est que la représentation

(1) Rapport de M. Humann sur le budget de 1832.
(2) *Id.*

du droit que les maîtres de poste ont dû abandonner, et qui était la condition d'existence de leurs établissements, il en résulte deux vérités fondamentales :

La première, c'est que l'indemnité est due aux relais dont les chevaux auraient été nécessairement employés, conformément au principe posé par la loi organique des postes (29 juillet 1793).

La seconde, c'est que plus l'indemnité est considérable, plus se trouvent attestés et la grande circulation des voitures publiques, et le dommage résultant, pour les relais, de la perte du droit de leur conduite exclusive.

Et par suite, il est vrai de dire que l'indemnité n'est qu'une faible représentation du dommage causé. Aussi les avantages sont-ils, pour les postes, sans proportion avec les charges. C'est là une vérité peu connue et qu'il faut établir. Des calculs positifs vont enfin succéder à de vagues assertions, et des faits matériels mettront un terme à l'étrange préoccupation dont quelques esprits sérieux n'ont pu se défendre.

Ces faits sont d'une haute gravité, car ils renversent tout le système d'innovations dont l'institution des postes est menacée. Et chose étrange! les armes nécessaires pour combattre ces innovations, elles nous sont fournies par l'administration même qui en prend l'initiative.

En 1831, M. le directeur actuel de l'administration des postes soumit au ministère le plan d'une nouvelle organisation de ce service. Ce plan, transmis à la commission du budget, fut analysé dans le rapport que M. Humann présenta à la Chambre. La situation des relais dut alors être approfondie; les archives de l'administration, scrupuleusement compulsées, fournirent des documents authentiques. Ces documents sont consignés dans un mémoire rédigé par le chef de l'administration, et qui fut aussi remis à la commission du budget, sous ce titre : *Mémoire sur l'organisation du service de la poste aux chevaux en France* (1).

Ce mémoire, dès son début, déterminant avec une grande précision la situation des postes en France, décide, en fait, toutes les questions que de décevantes théories peuvent soulever. Pour savoir si le plus important de nos services est fait économiquement, et, par suite, si un nouveau système serait désastreux ou favorable, il suffit de connaître ce que les relais en France dépensent, et ce qu'ils reçoivent; ou plutôt, et pour mettre cette appréciation à la portée de toutes les intelligences, quel est, sous l'empire de la législation actuelle, le produit journalier d'un cheval de poste. C'est à ce résultat, qui résume si bien tant de points controversés, que s'attache d'abord le MÉMOIRE; c'est là de l'arithmétique bien simple, mais qui fera prompte justice des plus ingénieuses combinaisons.

« Il existe en ce moment, dit M. le directeur de l'administration des postes, 1,400 relais, où sont entretenus environ 20,000 chevaux et 5,000 postillons.

« On évalue à 16,000,000 de francs le revenu annuel que les titulaires des relais retirent du monopole de la poste aux chevaux. Ce revenu provient de deux sources principales :

---

(1) Ce projet d'organisation a peut-être reçu depuis quelques modifications dans des points d'ailleurs peu importants. Il n'en forme pas moins un tout complet, résultat des méditations du chef de l'administration ; il a reçu une publicité solennelle dans une discussion du budget ; enfin, et surtout, il renferme des chiffres qui ne peuvent pas changer si les combinaisons auxquelles ils ont prêté ont changé.

« 1° Le produit de la location des chevaux aux prix établis par les tarifs et réglements ;

« 2° Le produit des subventions et indemnités accordées par les lois de finances de l'an VII et de ventôse an XIII.

« La première de ces deux sources est alimentée par les services suivants :

« 1° La conduite des voyageurs en poste.	7,000,000 f.	10,370,000 fr.
« 2° La conduite des malles-postes de l'administration.	3,200,000	
« 3° La conduite des courriers et estafettes.	170,000	

« La seconde source des revenus a pour cause :

« 1° L'indemnité de 25 cent. votée par la loi du 15 ventôse an XIII.	5,000,000 f.	5,630,000 fr.
« 2° Les gages et indemnités attribués aux maîtres de poste par la loi du 19 frimaire an VII. . . .	630,000	
	Total.	16,000,000 fr.

« Des données qui précèdent, il résulte que le taux moyen du produit brut que le service de la poste procure aux titulaires des relais est d'environ 2 francs 18 centimes par cheval, et par jour.

« La suppression de l'impôt des 25 centimes réduirait le produit moyen de la journée d'un cheval de poste à 1 franc 50 centimes. »

Grand doit être l'étonnement de ceux qui sont venus jusqu'à la tribune se récrier sur l'énormité des avantages concédés aux maîtres de poste! Un cheval qu'il faut acheter, loger, entretenir, ferrer, nourrir, rapporte 2 fr. 18 centimes par jour; et, comme sa durée est en raison inverse de la vitesse à laquelle il est condamné, il vivra trois fois moins qu'un cheval dans des conditions ordinaires. Ce n'est pas tout : il faut qu'un maître de poste trouve, dans ce modeste produit, l'intérêt d'un brevet chèrement acheté, et le salaire raisonnable que doit rapporter toute industrie. Dans de pareilles conditions, comment les postes peuvent-elles subsister? c'est ce que nous expliquerons bientôt. Bornons-nous maintenant à citer, car des renseignements bien précieux vont encore être fournis.

« Dans l'état actuel des choses, continue M. le directeur de l'administration, de tous les services qui ont les transports pour objet, on peut affirmer que celui des relais est le moins lucratif.

« Les renseignements que l'on a recueillis sur ce sujet, et qui sont présentés dans le tableau suivant, en sont la preuve la plus convaincante.

DÉSIGNATION DES SERVICES AUXQUELS LES CHEVAUX SONT EMPLOYÉS.		PRIX de la journée de travail de chaque cheval. F.	C.
Service des boues de Paris.		6	00
Transp. des bois de chauff.	du port aux chantiers.	6	50
	des chant. chez les partic.	6	00
Service des rampes des ports.		5	50
Voitures de remise.		5	83
Roulage.		4	75
Convois militaires.	arrondissement du nord.	4	75
	arrondissement du midi.	5	50

« Ces faits sont de notoriété publique et peuvent être, pour la plupart, facilement vérifiés. Il en résulte que, depuis le cheval de tombereau, employé au service des boues, jusqu'au cheval de remise, il n'en est point dont la journée de travail soit moins productive que celle d'un cheval de poste; dans certaines industries analogues, elle est jusqu'à trois fois supérieure.

« Tandis que le prix des services analogues, dirigés par des entreprises particulières, suit le cours des frais d'exploitation, les postes seules sont assujetties à un tarif qui, depuis quarante ans, ainsi qu'on le verra ci-après, n'a varié que pour décroître.

DÉSIGNATION DES différentes espèces de voitures conduites en poste.	NOMBRE DE VOYAGEURS contenus dans chaque malle.	PRIX FIXÉS PAR POSTE en vertu des tarifs de					
		1798. (0 frim. an VII.)		1805. (13 flor. an XIII.)		1829. (1er mars.)	
		F.	C.	F.	C.	F.	C.
Chaises de poste. .	2	4	50	3	»	3	»
	3	6	»	4	50	4	50
Limonières. . . .	3	6	»	4	50	4	50
	4	7	50	6	»	5	50
	5	9	»	6	»	5	50
Berlines.	3	7	50	6	»	6	»
	5	10	50	9	»	7	»
	6	13	50	10	50	9	»

« Il faut ajouter que, tandis que les tarifs auxquels les maîtres de poste sont soumis faisaient descendre, dans certains cas, le prix de la location de leurs chevaux de 30 à 40 pour %, ils subissaient, comme toutes les autres classes de consommateurs, la loi universelle de progression du prix des objets nécessaires à leur exploitation. Cette vérité est démontrée dans le tableau suivant :

DÉSIGNATION des principaux objets nécessaires à l'exploitation des Relais.	PRIX en 1790.	PRIX en 1830.	Augmentation des prix en 1830.
Foin (les 50 kilos).	1 30	4 »	2 70
Avoine (l'hectolitre).	5 »	9 »	4 »
Chevaux. Un cheval de courrier, bidet. . .	120 »	500 »	380 »
Chevaux. Un porteur. . . .	200 »	600 »	400 »
Chevaux. Un cheval de timon.	300 »	750 »	450 »
Fers à cheval (les quatre). . .	1 60	3 »	1 60
Selle de poste.	25 »	72 »	47 »
Harnais (la paire).	60 »	150 »	90 »

Tels sont les chiffres posés par l'administration; tels sont les faits qu'elle révèle.

Il est donc officiellement reconnu que le service qu'on proclame *le plus utile et le mieux organisé* (1) est encore le plus mal rétribué. Établissons qu'il est, en outre, le plus productif.

Pendant que le prix de conduite des malles, jugé insuffisant, était encore diminué, comme nous le verrons bientôt, le produit des postes s'augmentait successivement, dans les proportions suivantes :

« Produits de	1819.	22,460,860 fr.
Idem	1828.	27,000,000
Idem	1835.	35,115,898
Idem	1837.	37,454,000

(1) Rapport de M. Calmon sur le budget de 1837.

« Produits présumés de 1838. 41,435,000
Idem 1839. . . . . . 42,352,500 »

(Rapport de M. Sapey sur le budget de 1839.)

Cette amélioration dans les recettes est surtout le résultat de la grande vitesse imprimée à la marche du service. M. Humann, rapporteur du budget, disait en 1831 : « Le transport des dépêches s'opère bien plus rapidement. Le temps moyen du parcours des malles, qui « était de 69 minutes par poste en 1816, n'est plus que « de 46 minutes. » La rapidité des communications a été augmentée. « Un mouvement beaucoup plus rapide « encore a été imprimé au transport des dépêches. » (Rapport de M. Calmon sur le budget de 1837.) Aujourd'hui la malle-poste, qui part à six heures du soir de Paris, arrive le surlendemain à trois heures à Bordeaux. C'est 156 lieues faites en 45 heures, ou 34 minutes par poste. C'est, pour les chevaux (en défalquant le relayage et la remise des dépêches), près de quatre lieues à l'heure; et cette vitesse est inférieure, nous le verrons bientôt, à celle qui est imposée aux estafettes.

Une lettre de Paris à Bordeaux, écrite et répondue, fait donc, par la malle-poste, ce double trajet en 90 heures; il en fallait 176 en 1816. C'est à peu près la moitié de temps en moins ; et, en plus, une moitié dans les communications, et par suite dans les recettes. — Résultat qui mériterait au chef de l'administration de justes éloges, si la fin pouvait jamais justifier l'arbitraire, mêlé de violence, des moyens.

L'augmentation dans les recettes, produit d'une conduite plus accélérée, et par suite plus dispendieuse, aurait dû entraîner l'augmentation proportionnelle des prix de cette conduite; c'est le contraire qui est arrivé. Et cependant la vitesse n'étant que le résultat de la force dépensée, déterminer cette dépense en raison inverse de la vitesse acquise serait en physique un problème insoluble. On est parvenu à le résoudre en administration; comment? le voici :

C'est en 1831 que M. Humann constatait, dans son rapport sur le budget, le grand mouvement d'accélération donné au transport des dépêches; c'est l'époque que choisit M. Conte, déjà directeur de l'administration des postes, pour réduire, en employant le même nombre de chevaux, et sous le frivole prétexte d'un peu plus de légèreté dans les voitures nouvelles, le prix de ces transports de 3,200,000 francs, à 2,400,000 francs. C'était diminuer d'un quart les allocations fixées, dans le temps, pour une vitesse moindre de moitié. Et au même moment, le même administrateur constatait que les allocations antérieures étaient elles-mêmes insuffisantes, puisqu'elles avaient successivement diminué, dans une période de temps où toutes les dépenses se trouvaient augmentées! (1)

(1) Les maîtres de poste attaquèrent cette mesure devant le conseil d'État comme inique et illégale. L'examen de la seconde question seule entrait dans ses attributions; la première ne fut jugée que moralement : « L'intérêt de l'Etat que l'on invoque, disais-je devant cette haute juridiction, ne donne pas le droit de fouler aux pieds les principes d'éternelle justice. Et le prétexte même donné à une mesure odieuse, il suffira de quelques années d'expérience pour en faire justice. Diminuer le nombre des places dans les malles-postes, au moment où la grande activité des relations commerciales les rend insuffisantes, c'est faire perdre à l'État, en rétributions que l'on regrettera de ne plus lui payer, ce dont vous voulez le gratifier, aux dépens des maîtres de poste dépouillés. » — C'était là de la prévoyance vulgaire; la commission du budget de 1839 est venue le justifier : « Le produit des malles-postes, a dit M. Sapey, rapporteur, figure dans les évaluations de 1839 pour 1,666,000 francs; ce même produit s'est élevé jusqu'à 2,280,000 francs, avant le malen-

Nos ambassadeurs près des nations voisines ont mission de recueillir des documents officiels, destinés à justifier le bouleversement dont les postes sont menacées chez nous. Ils ont sans doute déjà constaté, sur le point si grave que nous examinons ici, une leçon de moralité qui ne sera pas perdue. C'est l'Angleterre qui nous la donne. Chez nos voisins, aussi, on a senti le besoin d'augmenter la vitesse. A-t-on pensé qu'il ne fallait pas tenir compte aux entrepreneurs des dépêches du surcroît de dépenses qu'entraînerait, pour eux, l'obligation qu'on leur imposait? A-t-on jugé équitable de diminuer, au contraire, le prix de leurs courses? L'enquête faite dans le sein du parlement, en 1835, va répondre : vitesse accrue, pertes éprouvées, dédommagements offerts, tout va se trouver officiellement constaté.

« D. Vous avez augmenté la vitesse des malles ; quelle est leur marche actuelle? — R. Je pense qu'une malle ordinaire, du train habituel, ne fait pas moins de 8 milles à l'heure ; la plus prompte est de 10 milles, *les retards pour affaires officielles non compris.*

« D. L'augmentation de la vitesse devait-elle augmenter la dépense? — R. Sans doute, car il fallait alors plus de chevaux, de meilleurs chevaux, des relais plus courts et des dépenses de toutes sortes ; les chevaux s'usent plus vite et se rompent les jambes.

« D. Quelle estimation faites-vous sur la moins value des chevaux par suite d'une vitesse plus grande? — R. Nous estimons, année commune, qu'un s'use sur trois ; que l'on perd ainsi un

---

contreux changement opéré en 1831, des malles-postes de quatre en trois places. Les recettes ont diminué en proportion du nombre des places ; on en trouve la preuve dans les états comparatifs des revenus indirects, insérés dans le *Moniteur* du 15 janvier 1833 ; cette diminution a été de 702,000 francs, sur lesquels on doit, il est vrai, déduire le prix d'un cheval qu'on a diminué aux maîtres de poste, qui n'ont pas moins continué d'atteler quatre et, plus souvent, cinq chevaux sur les malles, pour satisfaire aux exigences du service. »

tiers du capital par an, soit par accident, par usage ou de toute autre manière.

« D. Quelle est l'augmentation? — R. Elle a été portée de 3 à 5 d. par mille, et même plus selon les circonstances. »

(M. F. Freeling, deuxième surintendant des postes.)

« Le prix moyen payé par l'administration des postes est de 3 d. le mille; mais sur les routes où la rapidité a été accrue, il a été jugé nécessaire d'allouer 4, 5, 6, et jusqu'à 8 d. »

(Rapport des commissaires du parlement, déposé à la Trésorerie le 17 février 1835.)

Voilà ce qui a été fait en Angleterre. Voilà des règles de bonne administration et de bonne justice à la fois. Voilà aussi un fait désormais bien constaté : La rapidité de nos malles-postes est supérieure à la rapidité des malles anglaises. Les huit milles que parcourent celles-ci, terme moyen, par heure, ne font que trois lieues et quart (1); la vitesse ordinaire de nos malles-postes est de trois lieues et demie. Les routes anglaises sont bien supérieures aux nôtres, et les chevaux plus propres à des courses rapides. On n'en calcule pas moins, à un tiers des chevaux employés, la mortalité ou la moins value résultant d'une vitesse de trois lieues et quart à l'heure. — Pour une rapidité moins grande, l'administration française payait, d'après le tarif, 2 francs 25 centimes la journée d'un cheval attelé à une malle-poste (2). Elle a arbitrairement réduit cette allocation d'un quart, en 1831, quand elle a imprimé la loi d'une rapidité qui sur-

(1) Le mille anglais est de 1,600 mètres; la lieue française de 4,000.

(2) Le terme moyen de la distance de nos relais est de 3 lieues, ou une poste et demie. Le tarif fixe à 1 fr. 50 cent. le prix d'un cheval par poste. Le cheval revient haut le pied; c'est donc 6 lieues de parcours.

passe celle des postes anglaises; c'est à dire qu'à dater de cette époque, elle n'a plus payé que 1 fr. 69 c. 3|4 la journée d'un cheval plus vigoureux, acheté plus cher, nourri plus fort et succombant trois fois plus vite. — Placée dans de nouvelles conditions, l'Angleterre doublait, triplait ses prix de conduite.

Eh bien! l'administration a trouvé que ce n'était point assez de pareilles exigences. Elle a voulu, encouragée sans doute par la résignation des maîtres de poste, reculer encore, en vitesse, et toujours à leurs dépens, les limites, qu'on croyait atteintes, du possible. Les réglements accordent 13 heures et demie à la malle-estafette de Valenciennes pour faire 27 postes. Cette règle est observée pendant l'hiver; et en défalquant le temps du relayage, de la remise des dépêches, du passage des villes, nous trouvons une vitesse de 4 lieues 1 quart à l'heure; mais pendant l'été cette vitesse est augmentée: la célérité est portée à 4 lieues et demie, souvent au-delà. Et le prix payé par l'administration pour les chevaux exceptionnels, et bien vite ruinés, qu'il faut employer, n'est même plus de 1 fr. 69 c. la journée, mais souvent de 1 fr. 07 c., et parfois de 84 c. (1).

---

(1) Comme nous voulions des calculs exacts, nous nous sommes adressés à M. Zhendre, ancien élève de l'École Polytechnique, maître de poste à Saint-Denis. Voici la note qu'il a bien voulu nous fournir :

« Au relais de Saint-Denis, et pour la malle-estafette de Calais, trois chevaux sont nécessaires sur Paris, deux marchant chaque jour, le troisième en cas d'accident et comme remplaçant. — Il faut quatre chevaux sur Moisselle, les deux chevaux qui ont couru ne pouvant rien faire le lendemain et devant se reposer toute la journée. — C'est donc sept chevaux consacrés à ce service. A la rigueur, il en faut un huitième pour le cas de boiterie et autres accidents.

« La course sur Paris est payée 6 francs par exception, à cause de la

Voilà la loi de fer sous laquelle les maîtres de poste ont courbé la tête, sans murmures, sans plaintes importunes, osant à peine quelques humbles remontrances, qui se taisaient bientôt devant la menace, toujours imminente, d'une ruine complète.

Et comment cette ruine n'a-t-elle pas été déjà le résultat des rigueurs de l'administration ? Comment les relais se sont-ils maintenus ? Leur existence semble un problème, dont la solution ne se trouve que dans la puissance de l'industrie de l'homme, quand sa persévérance vient féconder un champ ingrat.

Les maîtres de poste joignent tous, à leurs relais, une autre branche d'industrie. L'immense majorité s'est vouée à l'agriculture. La prospérité de leurs établisse-

---

poste royale ; le prix ordinaire serait, pour une poste, sur tous les autres relais, de. . . . . 3 fr.

« La course sur Moisselle est payée. 4 50

« Sept chevaux gagnent donc par jour. . . . 7 fr. 50

« C'est à raison de 1 fr. 07 cent. par cheval.

« Ce service ne peut être fait que par des chevaux spéciaux ; il est très difficile et dispendieux de s'en procurer ayant la vitesse et la vigueur convenables. — En trois ans, il en a été acheté au relais de Saint-Denis, et *exclusivement pour ce service*, 22 ; et il en a été usé de ceux de la poste, 8. Total : 30 chevaux. »

— M. Goujon, maître de poste à Pontoise, a, sur Chars, un relais de deux postes un quart. L'administration lui paie, pour la malle-estafette du Hâvre, 2 chevaux, c'est-à-dire 6 fr. 75 cent. M. Goujon relaie, dans son parcours, trois fois, et consacre huit chevaux à ce service. Il reçoit donc 88 cent. pour la journée de chaque cheval.

« Dans tout le Midi, nous écrit M. Ramel, maître de poste à Toulouse, une poste se fait, terme moyen, par les malles-estafettes, en 28 minutes. Les maîtres de poste ont été forcés, depuis cinq à six ans, d'avoir des chevaux exprès ; et l'usance, qui jusque-là était d'un cinquième, est maintenant d'un tiers : les jambes des chevaux sont ruinées de suite. »

ments, quand prospérité il y a, est le fruit de leurs travaux et de longs sacrifices. Ce qui existe aujourd'hui n'est souvent que le produit de trois capitaux absorbés. Ajoutons que, dans nos provinces, où les traditions de famille comptent encore pour quelque chose, le fils attache du prix à succéder à son père ; et l'on pourrait citer telle famille où l'on montre, avec un juste orgueil, les titres qui constatent une possession qui remonte à trois siècles. Enfin, faut-il le dire ? les maîtres de poste ont toujours eu foi en des jours meilleurs. Pour être respectueusement timides, leurs justes doléances pouvaient n'en pas moins se faire jour à travers des illusions habilement entretenues. Il est une auguste sollicitude à laquelle rien n'échappe... Ainsi s'explique l'existence de ces relais que vous trouvez sur le sommet des Alpes comme dans les bruyères de la Bretagne, et qui couvrent le sol de la France entière, sans distinction des bénéfices qu'ils donnent ou des pertes qu'ils entraînent : produit merveilleux de vieilles traditions, qui atteste la puissance du temps, quand les hommes ne viennent pas, dans leur impatience, briser ses meilleures œuvres !

CHAPITRE II.

DE LA MISE EN ADJUDICATION PUBLIQUE DES RELAIS.

Première tentative d'une nouvelle organisation des postes, en 1831. — Plan présenté alors par le directeur de l'administration; projet de loi : dépossession des titulaires; indemnité illusoire; mise en adjudication publique des relais. — Le projet est aujourd'hui reproduit. — Dangers de cette première atteinte portée à des existences consacrées par les lois; celle des maîtres de poste est exceptionnelle et entourée de garanties spéciales. — L'innovation proposée est spoliatrice dans sa base, funeste pour l'État dans ses combinaisons, pleine d'obstacles dans l'exécution. — Opinion de M. Odilon-Barrot sur ces trois propositions. — Résumé.

« Aujourd'hui qu'un système uniforme des postes « existe pour la gloire de l'administration et pour le « bonheur de la France, il ne peut être maintenu avec « trop de soin. » Cette épigraphe de l'essai que nous publions, c'est M. de Fréville qui nous l'a fournie. Ce fut M. de Fréville qui prononça ces paroles remarquables, le 14 ventôse an XIII, dans le sein du tribunat; et c'est lui qui préside aujourd'hui la commission, appelée à se prononcer sur le projet d'anéantissement de l'institution à laquelle il a rendu une si éclatante justice. Ce choix et le rapprochement qu'il fait naître rassurent : c'est presque une profession de foi de la haute administration.

Ce fut dans la session de 1831 que fut remis à la commission du budget le travail de M. le directeur de l'administration des postes, *sur l'organisation du service de la poste aux chevaux en France*. Les sessions se sont succédé, sans que la pensée fondamentale qui avait présidé à ce travail fût abandonnée. Timidement produite d'abord, prônée pendant la réunion des Chambres dans des entretiens confidentiels, elle forme, presque mystérieusement, la base des délibérations de la commission qui vient d'être instituée; attendant, pour se produire au grand jour, le patronage espéré des hommes graves, appelés à lui donner une première sanction.

Nous produisons les documents destinés à éclairer leur religion : c'est l'auteur de l'innovation tentée qui nous les fournit lui-même. Lisons d'abord le projet de loi qui résume le travail présenté en 1831. Les modifications, fort légères, que ce travail a pu recevoir, ne changent ni les chiffres qu'il a posés, ni les principes qu'il a invoqués; or, ce sont seulement ces principes et ces chiffres que nous reproduisons.

Louis-Philippe, etc.

Article 1er. A partir du   le droit de 25 cent. par cheval et par poste, établi par la loi du 15 ventôse an XIII, sera perçu par les préposés de l'administration des contributions indirectes; ce droit devra être payé par les entrepreneurs des voitures publiques, soit qu'ils se servent ou non des chevaux des maîtres de poste.

Art. 5. A dater de l'époque fixée par l'art. 1er de la présente loi, la gestion des relais de poste sera mise en entreprise par voie d'adjudication.

Art. 6. Préalablement à la mise en adjudication des relais, il sera procédé à l'estimation de la valeur vénale des brevets des titulaires actuels de ces brevets.

Cette estimation sera faite dans les formes voulues par les lois concernant les expropriations pour cause d'utilité publique.

Art. 7. Le remboursement de la valeur vénale des brevets des maîtres de poste évincés aura lieu par vingt-cinquième et au moyen d'annuités portant intérêt à 4 pour 100, lesquelles courront à l'époque à partir de laquelle chaque titulaire aura été dépossédé.

Art. 8. La durée des baux d'entreprise des relais sera de trois, six ou neuf années.

Le cahier des charges déterminera la nature des services des relais et des obligations à remplir par les adjudicataires.

Art. 10. Les cahiers des charges prendront pour base du prix à payer ou à recevoir par les adjudicataires le nombre de chevaux qui devront être entretenus dans chaque relais.

Art. 11. Le prix à payer par les adjudicataires des relais, en vertu de leur marché, devra être versé par douzième dans les caisses des receveurs des contributions indirectes; chaque douzième sera exigible le 1er du mois pour le mois qui précède.

Art. 12. Les adjudicataires de l'entreprise devront fournir un cautionnement dont la quotité sera fixée par le cahier des charges.

Ce cautionnement sera affecté à la garantie de la bonne exécution du service et du recouvrement des sommes à payer au trésor en vertu de l'article précédent.

Art. 13. Les mesures nécessaires pour assurer l'exécution de la présente loi seront réglées par une ordonnance royale.

Art. 14. Les lois, décrets, ordonnances et réglements actuellement en vigueur, concernant le droit de 25 cent., continueront d'être exécutés en ce qui n'est pas contraire aux dispositions de la présente.

Donné au château des Tuileries, etc.

Ce projet de loi est précédé d'un tableau de répartition de l'indemnité qui serait accordée aux maîtres de poste, et qui se trouve portée à 25,000,000 fr., payables en ving-cinq années, avec intérêt à 4 p. cent.

M. Humann était rapporteur du budget; voici dans quels termes il résume les considérations présentées à l'appui du plan soumis à la commission :

« . . . . . L'administration propose de changer entièrement le régime des postes aux chevaux, et de mettre les relais en adjudication, avec publicité et concurrence.

« Dans ce système, les relais se diviseraient en deux classes; ceux de la première seraient adjugés aux enchères, c'est à dire que les adjudicataires acquitteraient une redevance annuelle au trésor; l'adjudication des relais de la deuxième classe se ferait au rabais, c'est à dire que l'état paierait aux adjudicataires une subvention. On pense que le produit des uns couvrirait largement les subventions qui seraient allouées aux autres, et que, par ce moyen, l'état se trouverait entièrement exonéré des frais d'entretien de la poste aux chevaux. Mais une mesure de cette nature ne peut être exécutée sans dédommager, par une indemnité suffisante, les maîtres de poste actuels. Or, des recherches pour constater la véritable valeur vénale des relais ont fait connaître que cette valeur s'élève A 25 MILLIONS ENVIRON. *Dans le système que j'expose, le produit des vingt-cinq centimes serait attribué au trésor*, qui, AVEC CETTE RESSOURCE, AURAIT BIENTÔT REMBOURSÉ LE PRIX DES RELAIS.

« Ce remboursement effectué, il lui resterait un revenu de six millions, susceptible de s'accroître encore.

« Vous le voyez, messieurs, ce projet offre de grands avantages *en expectative;* mais nous avons pensé qu'il était bon de le soumettre à l'épreuve de la discussion et de la publicité, et c'est dans ce but que votre commission m'a chargé de vous en entretenir. »

Ce rapport, où toutes les idées de M. le directeur de l'administration des postes sont fidèlement reproduites, reçoit, du nom de son auteur, un incontestable caractère de gravité. N'oublions pas toutefois que M. Humann fut bientôt ministre, et que l'habile mais sage financier se garda bien de laisser sortir des cartons ministériels le projet aux grands avantages... *en expectative.*

C'est qu'une pareille atteinte donnée à l'ordre de choses existant, et ce point de vue ne pouvait pas échapper à un homme d'Etat, alors même que certains avantages seraient venus la justifier, n'en aurait pas moins eu de graves dangers. L'opinion publique, ce maître impérieux dont il faut respecter les volontés quand il en a, et auquel on en suppose quand il n'en a pas, l'opinion publique est depuis long-temps travaillée contre ce qu'on appelle les positions privilégiées. Celle des maîtres de poste était respectée; c'eût été, en effet, trop d'exigence de la part des réformateurs actuels, d'attaquer comme entachée de monopole, une institution que la Convention avait respectée ou plutôt recréée. Mais il est d'autres priviléges qu'elle avait renversés; et, quelle que soit leur nécessité dans notre ordre social, c'est timidement, dans une loi de finances, sous le titre obscur d'une augmentation dans les cautionnements, qu'ils ont été rétablis (1). Ceux-là ne nécessitent pas pour leur exploitation de gros capitaux. Ils tentent donc tous ceux que la propagation des lumières renferme dans un cercle d'activité, qui va se resserrant tous les jours. Et qu'on y prenne garde! la puissance novatrice attaque des positions qui n'ont acquis leur privilége qu'à titre onéreux. Les maîtres de poste ne sont pas seulement des agents de l'Etat; l'Etat leur a donné l'entreprise des relais, sous la condition à eux imposée, dès l'origine, et

(1) Loi du 28 avril 1816, art. 91.

par eux remplie, d'y consacrer d'énormes capitaux. Après avoir renversé de vos propres mains, sans y être provoqués, des positions ainsi créées par un contrat synallagmatique, pourrez-vous maintenir d'autres positions utiles aussi, nécessaires même, mais qui furent distribuées, dans l'origine, à titre gratuit ? Comment le pouvoir contiendra-t-il tant d'ambitions impatientes de se faire jour, quand il aura été le premier, lui conservateur par sa nature, à essayer de ce plan de nivellement social qui exalte tant d'imaginations ardentes ?

Tout cela serait grave, et devrait arrêter sur la pente où l'on est entraîné, alors même que l'innovation tentée présenterait quelques avantages. Mais comment comprendre que l'on aille s'y engager, si cette compensation n'est même pas offerte au danger ?

Or, nous disons que la mesure proposée est à la fois onéreuse pour l'Etat dans ses combinaisons, spoliatrice dans sa base envers les titulaires actuels, destructive des garanties qui existent dans le service.

C'est sous ce triple point de vue que le projet va se trouver apprécié par un homme dont la parole a de la gravité, et que les idées sagement progressives reconnaissent pour leur plus éloquent interprète.

« Selon M. le directeur de l'administration des postes, dit M. Odilon-Barrot dans le travail que nous sommes heureux de pouvoir invoquer, le produit des relais avantageux servirait à parfaire le déficit des relais onéreux. — Il y aurait balance, et l'état économiserait la somme qu'il paie annuellement aux maîtres de poste : tel est le système ; la combinaison en est très simple, mais les données sur lesquelles elle repose sont entièrement arbitraires.

« Qui garantit à son auteur que le produit des relais les plus avantageux s'élèvera à une somme suffisante pour couvrir les pertes des relais onéreux ? — S'il prend pour base les traités par lesquels les brevets des maîtres de poste ont été cédés, ils s'expose à une grande méprise, et quelques explications suffiront pour la faire ressortir.

« La valeur des relais se compose de bien des éléments divers.

« D'abord, l'indemnité des 25 cent. forme le bénéfice le plus net de ces sortes d'entreprises.

« Otez cette indemnité aux relais, même les plus avantageux, et il est douteux qu'ils conservent quelque valeur commerciale.

« En outre, ce n'est pas le relais en lui-même qui offre une valeur intrinsèque, ce sont les industries accessoires qui en font l'importance.

« La plupart de nos grandes entreprises agricoles sont formées et dirigées par les maîtres de poste ; il ne serait pas téméraire d'ajouter qu'ils ont été les principaux agents de l'impulsion que l'agriculture a reçue en France. La facilité qu'ils trouvaient dans le nombre de leurs chevaux pour les labours et pour les engrais leur a permis d'offrir à tous les autres cultivateurs l'exemple et l'expérience d'une meilleure culture. A l'industrie agricole viennent se joindre d'autres industries : ici, une entreprise de messageries ou la conduite de celles qui existent ; là, des voitures dites Omnibus ; ailleurs, le commerce des chevaux, etc., etc. On conçoit bien que toutes ces industries puissent donner quelque valeur à un relais, qui en est un des éléments ; mais il y aurait quelque déraison à supposer que lorsque le relais sera détaché de toutes ces industries accessoires et vendu isolément, il conservera la même valeur.

« Pour avoir une idée de la valeur intrinsèque d'un relais, il suffit de rappeler que l'administration elle-même reconnaît que le produit moyen de chaque cheval dans une poste est par jour, si l'on fait abstraction du produit des 25 cent., de 1 fr. 50 cent., et que, d'après des tableaux relevés au ministère des finances, le produit moyen de chaque cheval, pour toute autre industrie analogue, est de plus du triple.

« Après avoir elle-même constaté des faits qui parlent si haut, l'administration pourrait-elle conserver les illusions auxquelles elle s'était d'abord laissée entraîner ?

« Oublierait-elle d'abord que quand un maître de poste cède son relais, il vend en même temps l'entreprise industrielle dont ce relais n'est souvent qu'un des moindres accessoires? et c'est là ce qui explique, indépendamment des convenances de famille, le haut prix auquel ces actes de cession sont portés.

« Si l'on substitue à la vente amiable une adjudication forcée, comme l'adjudication ne pourra porter que sur le relais, privé de l'indemnité des 25 cent., isolé des établissements agricoles et industriels qui sont la propriété privée du maître de poste et, dont aucune loi au monde ne peut le déposséder, quelle sera la valeur de ce relais? On peut aisément en juger par le revenu moyen produit par chaque cheval.

« Dira-t-on que l'adjudicataire aura la perspective de se servir de son relais pour favoriser des entreprises agricoles et industrielles, et qu'il paiera cette perspective?

« Mais, d'une part, autre chose est un établissement formé, et dans lequel seront absorbés deux ou trois capitaux et souvent davantage, et un établissement à former.

« Ensuite l'emplacement d'un relais n'est pas une chose arbitraire; il est fixé, commandé par les distances. Croit-on que l'ancien maître de poste qui se trouvera en possession des terres, des écuries, des logements, ne sera pas en mesure ou d'exclure les concurrents ou de faire la loi à son successeur? C'est ce qui arrivera infailliblement pour la plupart des relais.

« Que deviennent dès lors les calculs de M. le directeur général?

« Là où il devait offrir une certitude, il ne présente pas même une probabilité de cette prétendue balance sur laquelle repose tout son système.

« Nous affirmons, nous, que dans ce système, bien loin de voir disparaître de son budget la somme annuellement payée aux maîtres de poste, il faudrait bientôt doubler, tripler cette somme, et cela pour le triste plaisir de détruire une organisation qui fonctionne très bien, qui rend d'immenses services à l'État et aux particuliers, et contre laquelle aucune plainte ne s'élève.

« M. le directeur de l'administration nous a paru trop préoccupé des bénéfices réels ou exagérés qu'il suppose être faits par les maîtres de poste de certains relais, et c'est sur cette préoccupation qu'il a bâti son projet.

« Il n'a pas assez remarqué que ces bénéfices, là où il en existe, proviennent, non du monopole cédé par le gouvernement et que le gouvernement veut reprendre, mais de l'industrie personnelle des maîtres de poste et des établissements agricoles et industriels qui sont leur propriété privée.

« L'opération projetée ressemblait beaucoup à la fable de la poule aux œufs d'or. On parviendrait facilement à détruire les établissements des maîtres de poste et à les ruiner, mais on détruirait en même temps les avantages que ces entreprises produisent à l'Etat et aux particuliers.

« En résumé, lorsqu'il s'agit d'un projet qui tend à bouleverser entièrement un service qui a pour lui l'expérience du temps, qui satisfait à tous les besoins publics et privés, qui est lié à tant et de si grands intérêts, il ne faut rien donner au hasard. On aurait le droit d'exiger, non de simples probabilités, mais la certitude absolue d'un avantage notable au profit de l'État et des particuliers; or, nous l'avons suffisamment prouvé, les avantages réels incontestables du système actuel seraient compromis pour des avantages au moins incertains. Tout dépendrait des hasards d'adjudications dont il est impossible de déterminer d'avance les résultats, puisqu'il s'agit de vendre aujourd'hui une chose qui n'a jamais été jusqu'à présent appréciée en elle-même, et dont la valeur est corrélative avec des entreprises qui en seraient préalablement détachées. Dans de telles circonstances, le gouvernement hésitera-t-il à déclarer que l'utilité de la dépossession nécessaire pour réaliser le projet ne lui paraît pas suffisamment démontrée?

« Et d'ailleurs, y a-t-il un motif plausible pour ravir aux maîtres de poste leur propriété actuelle, changer le mode de service? Ce ne pourrait être qu'autant qu'ils feraient ce service à un taux trop élevé, qui grèverait le public et les favoriserait outre mesure; or, loin qu'il en soit ainsi, il a été démontré que les maîtres de poste seraient en perte, s'ils n'avaient que leurs relais. C'est ce qui résulte des chiffres posés par M. le directeur des postes lui-même.

« En effet, on a vu dans un premier tableau ce que produisent les chevaux employés au service ordinaire;

« Et dans les deux tableaux qui suivent ce que rapportent les chevaux aux maîtres de relais, et ce qu'ils leur coûtent.

« Ainsi se trouve établie cette vérité que les dépenses ont augmenté et que les produits ont diminué. Et aussi cette autre vérité qui réduit à leur juste valeur tant d'illusions sur les prétendus bénéfices des maîtres de poste : c'est qu'un cheval qui, tout compris, leur revient au moins à 5 fr. par jour, leur rapporte 1 fr. 50 c.

« L'erreur dans la valeur des brevets et par suite dans l'indemnité à allouer n'est pas moins grande que celle qui a été commise dans l'appréciation du prix présumé des adjudications.

« Si on prend pour donnée, comme dans toute dépossession, le terme moyen des prix portés dans les traités des cinq dernières années, cette somme de 25 millions devrait être au moins triplée.

« Et qu'on ne nous objecte pas que nous déprécions la valeur des relais, lorsqu'il s'agit de l'adjudication projetée, et que nous l'exagérons, au contraire, lorsqu'il s'agit de l'indemnité à payer aux propriétaires dépossédés. Nous répondrons que si, pour l'adjudicataire, il n'y a à apprécier que la valeur du relais parce que le relais seul lui est vendu, il en est autrement pour le maître de poste dépossédé. Toute indemnité se compose de la réparation entière et complète de la perte éprouvée par l'indemnisé. Or, la perte du relais ne doit pas être restreinte à la valeur intrinsèque de ce relais ; elle s'étend aussi aux entreprises accessoires dont ce relais était le principe, et qui se trouvent compromises par cela seul que le relais en est détaché ; elle doit comprendre matériellement les écuries, les édifices destinés aux relais et devenus inutiles, les provisions et emmagasinements de toute espèce. Ainsi, lorsque l'adjudication ne porte que sur la valeur de l'objet vendu, l'indemnité au contraire doit porter aussi sur la dépréciation des choses unies à cet objet. Il n'y a là nulle contradiction, mais une distinction qui est selon la nature des choses et conforme aux règles de la plus stricte équité.

« Quant au projet d'abandonner aux titulaires actuels, pendant quatre ou cinq ans, comme compensation de la dépossession, le montant du droit de 25 c., évalué annuellement à 6,000,000 fr., il ne peut pas soutenir un examen sérieux. Comment se ferait-il, en effet, que cette indemnité déjà acquise aux maîtres de poste en échange d'une partie de leur droit, pût servir à les indemniser de la dépossession de leurs brevets ? Il serait par trop commode d'indemniser des propriétaires dépossédés avec ce qui leur appartient déjà; mais avant de disposer de l'indemnité de 25 cent. pour payer les brevets des maîtres de poste, il faudrait commencer par les indemniser de cette indemnité elle-même qui est bien leur propriété, et qu'on leur enlève. Or, cette indemnité se compense par elle-même, et voilà tout : reste la valeur du brevet à solder. C'est de l'arithmétique toute pure.

« Comme on le voit, toutes les données sur lesquelles repose le projet de M. le directeur général se trouvent fausses.

« 1° Il a calculé comme si l'indemnité des 25 cent. par cheval était une valeur disponible pour l'Etat, et avec laquelle l'Etat pouvait désintéresser les titulaires actuels des brevets de maîtres de poste; or, cette indemnité est la propriété acquise de ces maîtres de poste; avant de la leur enlever, il faudrait commencer par les indemniser; c'est une valeur active qui s'annule par une valeur passive, et qui, par conséquent, ne peut servir à solder le prix des brevets;

« 2° Il a calculé comme si les adjudications des brevets de maîtres de poste devaient porter sur l'entreprise de ces maîtres de poste, telle que l'entreprise se constitue maintenant, et en embrasser tous les bénéfices. Or, il fallait calculer la valeur du seul relais, prise isolément de toutes les industries, de tous les établissements ascessoires qui le font valoir, et qui leur donnent seuls quelque importance;

« 3° Enfin il a calculé l'indemnité à payer aux maîtres de poste dépossédés comme si elle ne devait se composer que de la valeur intrinsèque du relais, et il devait calculer aussi toutes les dépréciations que les établissements accessoires subiraient par suite de la perte du relais.

« Supposons maintenant qu'au lieu d'être inexacts tous les calculs du directeur général fussent vrais; son projet devrait encore être repoussé.

« Car indépendamment de tous les hasards d'une expérience nouvelle, quel est l'administrateur qui se flattera d'exercer la même action, le même pouvoir disciplinaire sur des maîtres qui seront propriétaires par adjudication, et posséderont leurs relais au même titre qu'on possède sa maison, que sur des brevetés qui, bien qu'ayant traité de leurs brevets avec l'autorisation de la loi, n'en restent pas moins les agents de l'autorité, destituables pour tout manquement grave au service?

« A l'égard des adjudicataires, ce serait, non une destitution, mais une confiscation. Ils le sauraient et en abuseraient, le service en serait inévitablement compromis. »

Ainsi se trouve rempli le vœu de M. Humann : une vive lumière a jailli sur le système qu'il voulait voir soumis *à une discussion approfondie*. Ajoutons aux considérations, développées avec une si haute puissance de raison, une dernière observation.

Tout le système que nous combattons, repose sur les avantages financiers qu'il offre à l'Etat (1). Ecoutons attentivement celui qui en est le créateur; les vagues aperçus vont disparaître, des chiffres positifs les remplaceront.

Le chef de l'administration des postes a établi trois choses : 1° qu'il existe, en France, 20,000 chevaux pour le service des relais ; 2° qu'un cheval rapporte journellement (en retranchant l'indemnité de 25 c., qui ne serait point allouée aux adjudicataires) 1 fr. 50 c. ; 3° que ce même cheval revient, au moins, à 3 fr. : il y a donc, en admettant cette base de produit, dont l'exagération sera

(1) Les calculs de l'administration des postes ne sont pas infaillibles, et la perte de 720,000 fr. sur les nouvelles malles-postes (p. 14) ne révèle pas la seule illusion dont les contribuables doivent payer les frais. Ecoutons encore la Commission du budget de 1839 :

« Tout en reconnaissant les améliorations introduites dans le service des postes, nous ne pouvons pas espérer, d'après tant de mécomptes de la part de l'administration sur ses évaluations des produits des bateaux à vapeur dans la Méditerranée, que celles pour 1839 se réalisent complètement ; mais, même en le supposant, il n'en résultera pas moins que cette opération, qui devait nous procurer un bénéfice de 453,775 fr., occasionnera tous les ans au trésor une perte de plus de 1,500,000 fr., ainsi que l'ont fait remarquer les honorables rapporteurs, MM. Ducos et Gouin. *On ne saurait trop inviter l'administration à se prémunir contre de semblables illusions.* » (*Rapport de M. Sapey.*)

démontrée, recette quotidienne de 30,000 francs, et dépense de 60,000 francs ; c'est 30,000 francs par jour, ou 10,950,000 francs par an, qu'il faudra, en définitive, payer aux adjudicataires. — Il faudra y ajouter une indemnité suffisante pour l'achat d'un matériel considérable, la construction, sur beaucoup de points, de vastes bâtiments, la création d'une grande exploitation agricole, et le légitime produit, pour quatorze cents adjudicataires, d'une industrie pénible, improvisée, qu'ils peuvent être forcés d'abandonner, tous les trois, six ou neuf ans. Il faudra donc ajouter le montant, essentiellement variable, de cette allocation, aux 10,950,000 fr. de dépense fixe, et cela pour remplacer, par un service incertain dans ses résultats, *le mieux organisé des services* (1), et qui ne coûte annuellement à l'Etat que 2,400,000 fr. ! N'eût-il pas été désirable que le chef de l'administration des postes de France eût dit comme le duc de Richmond: « Beaucoup de plans m'ont été proposés, pendant que j'étais grand maître des postes, mais je n'en ai pas trouvé un seul qui pût être exécuté, sans demander, *en définitive*, plus de dépense que je n'étais autorisé à en faire par les lords de la trésorerie ? » (*Enquête devant les commissaires du Parlement*, 1er *avril* 1835.)

Ne craignons pas de le dire: l'état réel des choses, loyalement expliquées, rendrait toute adjudication publique, aux conditions indiquées, matériellement impossible. —Espérerait-on que, dans la fièvre industrielle qui nous travaille, une spéculation hasardeuse tenterait quelques esprits aventureux ? Un pareil calcul peut se faire, mais il reposerait sur une déception, et, partant, il doit

(1) Rapport de M. Calmon, sur le budget de 1837.

être repoussé. Il ne réussirait, d'ailleurs, que pour un temps, et pendant ce temps-là même, le service serait gravement compromis. Sous ce rapport encore, l'Angleterre nous donnerait, au besoin, une leçon de prudence et de moralité. Là, le transport des dépêches s'effectue par des compagnies (et nous verrons, au chap. IV, si nous devons envier ce système). Le grand maître des postes traitait directement et sans concurrence avec ces compagnies. Les commissaires choisis dans le sein du parlement voulaient connaître si une adjudication publique ne serait pas plus favorable à l'Etat : voici ce que répondait le surintendant des postes :

« Vous pensez que des entrepreneurs pourraient faire des offres onéreuses pour eux ; ne croyez-vous pas que les parties qui veulent faire des contrats sont les meilleurs juges du prix qui leur convient? R. Cela est bon en principe général, mais je ne peux l'admettre ici. Il est telle personne qui ne pourrait calculer les vraies chances de l'entreprise ; elle ferait des offres très basses, s'emparerait de l'affaire, ne pourrait pas la continuer, et compromettrait le service.

(M. JOHNSON, 1er *surintendant des postes.*)

« Nous adoptons entièrement l'opinion du grand maître des postes. Il ne faut pas engager des personnes sans consistance à faire des offres qui, si elles étaient acceptées, ne seraient probablement pas remplies et amèneraient conséquemment un retard embarrassant dans les communications publiques.

(Rapport des commissaires du Parlement.)

En résumé, nos postes sont justement élevées au rang d'une institution que les autres peuples nous envient. Nous établirons que sous le triple rapport de l'ordre, de l'économie, de la vitesse, elles surpassent les postes de l'Angleterre même. Pendant que les relais étrangers ne s'établissent que sur les lignes productives, les nôtres couvrent la

France entière comme un vaste réseau, et dans des temps difficiles, ils rendraient tous les points du territoire soumis au mouvement rapide d'une même puissance d'action. Sacrifier de pareils avantages ; compromettre une recette assurée de 42 millions ; échanger une dépense fixe, déjà réduite à ses éléments matériels, contre des allocations indéterminées, et dont il n'est donné à aucune prévoyance de calculer le chiffre ; asseoir des éventualités, qui peuvent être si désastreuses pour l'Etat, sur une dette que, dans une appréciation dérisoire, on calcule encore à 25 millions ; enfin échanger contre les résistances d'hommes nouveaux, indépendants, liés par de simples contrats civils, le respect traditionnel d'hommes façonnés à la soumission envers une autorité, toute puissante sur eux, mais dont la paternelle sollicitude fut si long-temps traditionnelle aussi (1) : voilà un ensemble de charges certaines, d'avantages douteux, de hasards, et l'on peut dire de dangers, devant lesquels le pouvoir ne peut que reculer.

---

(1) Elles remontent bien haut ces traditions qu'avaient conservées les Lavalette, les Doudeauville, les Villeneuve. En 1662, les maîtres de poste se trouvaient accablés par les services du roi. Ce fut le général des postes, nous dit De la Mare, qui fit au monarque de vives représentations ; et Louis XIV ordonna, par un édit du 13 septembre de la même année, qu'il serait tenu compte aux maîtres de poste des pertes qu'ils avaient éprouvées, et qu'ils en seraient payés par préférence par les receveurs des tailles.

CHAPITRE III.

DE LA PERCEPTION ET DE LA RÉPARTITION DE L'INDEMNITÉ DE 25 CENTIMES, CRÉÉE PAR LA LOI DU 15 VENTOSE AN XIII.

DISCOURS DU PRÉSIDENT DE LA CHAMBRE DES DÉPUTÉS, LE 20 JUIN 1838. Il renferme trois propositions : « *La loi du 5 ventôse an* XIII *est rigoureuse pour les classes peu aisées.* » — Elle est plus libérale que la loi de la convention qu'elle modifie. Son interprétation par les tribunaux attaquée et justifiée. — « *La perception doit être changée* » Le mode proposé grève sans utilité le Trésor. Le mode actuel est légal : termes de la loi. Il est logique : nature de l'indemnité; ce n'est pas un impôt. Erreur grave sur l'objet du réglement annoncé par la loi. — « *La répartition actuelle est illégale ; elle doit être faite avec plus d'équité.* » — La répartition actuelle est conforme à la loi : principe de cette loi. La modification indiquée viole des droits créés à titre onéreux. M. Odilon-Barrot établit son injustice. M. Humann et l'administration la qualifient de spoliation. Véritable but de la centralisation dévoilé. Illusion de certains titulaires détruites. — Poste de Paris : ses recettes et ses charges ; tableaux : résultat.

Dans la séance du 20 juin dernier, à l'instant où, à la fin d'une longue session, le budget des recettes allait être voté, M. le président de la Chambre des députés quitte son fauteuil; et, dans une improvisation inattendue, il attaque vivement et la loi du 15 ventôse an XIII, et l'application qui en a été faite. Tout est grave dans un débat ouvert avec cette solennité. Nous rapporterons textuellement le discours prononcé, et nous opposerons à une autorité si puissante des autorités puissantes aussi.

Un pareil rapprochement offrira un avantage toujours bien précieux dans les questions compliquées. Celle qui s'agite aura été considérée sous toutes ses faces. Et, après une pareille discussion, dont une si profonde sagacité aura déterminé les termes, on pourra tenir l'instruction pour complète, et prononcer en parfaite connaissance de cause.

L'orateur rappelle d'abord les termes de la loi :

« Art. 1er. A compter du 1er messidor prochain, tout entrepreneur de voitures publiques et de messageries qui ne se servira pas des chevaux de la poste, sera tenu de payer, par poste et par cheval attelé à chacune de ses voitures, 25 centimes *au maître des relais dont il n'emploiera pas les chevaux.*

« Sont exceptés de cette disposition les loueurs allant à petites journées et avec les mêmes chevaux, les voitures de place allant également avec les mêmes chevaux et partant à volonté, et les voitures non suspendues.

« Art. 2. Tous les contrevenants aux dispositions ci-dessus seront poursuivis devant les tribunaux de police correctionnelle, et condamnés à une amende de 500 fr., dont moitié au profit des maîtres de poste intéressés, et moitié à la disposition de l'administration des relais.

« Art. 3. Il sera pourvu provisoirement à l'exécution de la présente loi par un réglement d'administration publique, délibéré en conseil d'état, lequel sera présenté en forme de loi à la prochaine session du Corps-Législatif. »

« Ce sytème d'indemnité, continue l'orateur, perçue par les maîtres de poste, présente trois inconvénients : d'abord, il empêche l'amélioration des voitures publiques dans ce qu'elles ont de plus multiplié ; en second lieu, c'est un impôt qui est irrégulièrement perçu ; enfin, le produit de cet impôt est irrégulièrement réparti, et le résultat va diamétralement contre le but que s'est proposé la législation nouvelle (1). »

C'est cette division que nous allons suivre.

§ 1.

La loi du 15 ventôse peut-elle être taxée de rigueur contre une portion considérable du public?

« La loi du 15 ventôse an XIII, a dit M. le président de la Chambre, ne fait d'exception qu'en faveur des voitures qui voyagent à petites journées et qui ne sont pas suspendues... L'interprétation a été telle que, lorsqu'il s'est agi, devant les tribunaux, d'expliquer les mots voitures suspendues, on s'est d'abord demandé si cela s'appliquerait aux voitures dont la caisse ne serait pas suspendue ; et la jurisprudence a dit oui, car la caisse est adhérente, mais le siége est suspendu... Il en est résulté que, pour ne pas payer de droit partout où il y aurait des voitures suspendues, il n'y a plus que des voitures qui ne le sont pas, des voitures qui sont infiniment peu commodes, pour une portion considérable du public, et la plus pauvre, pour des gens qui, moyennant le même prix, voyageraient commodément, tandis que pour éviter le droit, on les fait voyager sur des planches... »

La critique s'adresse-t-elle à la loi elle-même, ou à l'interprétation qui en a été faite ? Dans le doute, examinons les deux hypothèses.

Le véritable sens de cette loi n'a pas été déterminé seulement par la jurisprudence, mais par une succession de décrets et d'ordonnances rendus dans un sens uniforme, sous nos divers régimes consulaire, impérial et royal. Les tribunaux qui ont fixé cette jurisprudence, contre laquelle on semble s'élever, ont obéi à

(1) *Moniteur* du 21 juin 1838.

l'impulsion constante, uniforme, donnée par de nombreux arrêts de la Cour de cassation. C'est là, pour tout le monde, une autorité grave.

Toutefois, il faut le reconnaître, les arrêts de cette cour et le discours prononcé à la Chambre des députés se rattachent à deux ordres d'idées tout à fait différents. Dans le discours, apparaît surtout une honorable préoccupation du bien-être des classes pauvres; dans les arrêts, le sentiment est moins consulté que l'inflexible logique, cette logique sévère qui fait passer chacun sous le niveau de la loi, sans pousser le privilége du malheur jusqu'à l'oubli d'une règle commune. — Et cette différence dans le mode d'appréciation de la loi du 15 ventôse s'explique encore par la divergence complète d'opinions sur le principe même de cette loi. L'illustre orateur n'y voit que l'essai d'un soulagement, momentanément accordé à une industrie souffrante; la cour suprême, au contraire, trouve dans cette loi la représentation d'un droit, et la consécration nouvelle de ce droit. Ce sont là deux points de départ entièrement différents, qui doivent entraîner des conséquences opposées.

Serait-ce à la législation elle-même, plutôt qu'à la jurisprudence, que s'adresserait la sévérité des reproches que nous analysons. Nous ferions alors deux observations :

La première, c'est que la loi de l'an XIII n'a modifié celle du 29 juillet 1793 que pour la rendre plus philanthropique, plus populaire encore. La loi organique des relais étend, en effet, le droit des maîtres de poste sur toutes les voitures sans exception. La loi du 15 ventôse soustrait à l'indemnité, représentative de ce droit, les voitures marchant à petites journées et les voitures non suspendues. Cette loi est donc empreinte de libéralité, et d'une libéralité faite aux dépens de ceux dont la pénible industrie perdait son principal élément de prospérité.

La seconde observation se résume en ces termes : veut-on conserver l'institution des postes ? alors il faut leur donner les moyens de vivre. Cette charge doit-elle peser sur le trésor ? On peut sans doute répondre affirmativement ; en l'an XIII on s'est montré plus soucieux de ses intérêts. On a décidé alors que c'était à l'industrie, en faveur de laquelle on dépouillait les maîtres de poste d'un droit, à payer l'indemnité de ce droit. Mais pour que cette indemnité ne fût pas complètement illusoire et ne retombât pas, en définitive, à la charge de l'état, il fallait spécifier bien nettement l'exception faite à cette règle; autrement la première aurait bientôt reçu une extension qui anéantissait la seconde. C'est à cet abus que plusieurs actes de haute administration, fortifiant la jurisprudence établie, sont venus remédier. Ils ont clairement défini ce qu'on devait entendre par ces mots : *voitures suspendues*. Ces actes sont conformes à l'esprit de la loi de l'an XIII ; et cette loi elle-même, nous allons l'établir, repose sur un principe d'équité. Il faut donc la conserver dans la règle qu'elle pose, comme dans l'exception sagement limitée qu'elle établit.

§ 2.

L'impôt est-il irrégulièrement perçu?

« L'impôt, continue M. le président de la Chambre, est irrégulièrement perçu. Il devrait y avoir réglement d'administration publique ; car si ce droit est destiné à fournir une indemnité aux maîtres de poste qui le reçoivent, c'est un véritable impôt pour ceux qui le paient. Et la preuve que ce réglement avait son importance quant à la perception, c'est qu'il devait être soumis aux chambres. Or, il ne l'a jamais été. Je dis que la perception est irrégulière, parce qu'elle est faite par des parties prenantes qui se l'appliquent immédiatement sans être soumis à un contrôle comme cela doit se faire pour les dépenses d'administration publique. Je dis qu'il y aurait lieu de faire un réglement qui devra être soumis aux chambres. »

Si la question était seulement appréciée en fait, l'État et non les maîtres de poste aurait intérêt à ce que le mode de perception, actuellement établi, ne reçût aucune modification. Un changement entraînerait, en effet, pour le trésor des frais sans aucune utilité, puisqu'il restituerait à d'autres le produit de la perception faite par lui. Les maîtres de poste, au contraire, y trouveraient un incontestable avantage. Les fraudes seraient découvertes avec plus de certitude et poursuivies avec plus de sévérité. C'est cependant le recouvrement direct du droit fait par ceux à qui ce droit appartient, qui a surtout préoccupé quelques esprits graves. Satisfaction pourrait, sans danger pour les relais, être donnée à certaines susceptibilités honorables, puisqu'elles se rattachent à nos formes constitutionnelles; mais la modification supposée porte une grave atteinte à l'économie tout entière de la loi du 15 ventôse; elle en dénaturerait le principe; c'est sous ce point de vue qu'elle doit être appréciée.

Et d'abord remarquons-le bien : le réglement annoncé par cette loi devait porter sur tout autre chose que le mode de perception du droit établi. Ce mode est déterminé par la loi même : « Tout entrepreneur de voitures publiques qui ne se servira pas des chevaux de la poste sera tenu *de payer*, par poste et par cheval attelé à chacune de ses voitures, 25 cent. AUX MAÎTRES DES RELAIS dont il n'emploiera pas les chevaux. » Rien de plus formel, et nous le prouverons bientôt, rien de plus logique. Sur quoi devait donc porter le réglement annoncé? Sur un point fort grave, dont personne ne s'est préoccupé, et qui paraissait cependant laisser dans la loi une lacune que l'art. 3 ordonnait de remplir. Ecoutons, car en toute matière l'avis des hommes spéciaux a son prix, écoutons M. Ramel, maître de poste à Toulouse :

« Le législateur, dit-il dans un travail fort remarquable publié en 1829, le législateur a reconnu en principe, en l'an XIII comme en 1793, que les maîtres de poste avaient, à l'exclusion de tous autres, le droit de conduire les voitures publiques. En reconnaissant ce droit, la loi de ventôse pouvait éviter toute contestation ultérieure, en réglant un tarif qui aurait fixé les divers prix que les entrepreneurs devaient payer aux maîtres de poste, et d'après lequel ces derniers auraient été tenus de faire faire la conduite; le législateur aurait dû, en outre, déclarer, par une disposition expresse, que tout entrepreneur qui ne voudrait pas se servir des chevaux de la poste au prix fixé par le tarif, serait tenu d'acquitter le droit de 25 centimes, comme aussi, que les maîtres de poste qui refuseraient d'effectuer cette conduite d'après le tarif, n'auraient aucun droit à l'indemnité. »

Le réglement de ce tarif était un point fort important, sur lequel le législateur (et ici nous ne partageons pas l'opinion de M. Ramel) a voulu être éclairé par l'expérience, avant de tracer une règle définitive. Eh bien! le temps, ce grand maître, a appris qu'il fallait laisser aux deux industries le soin de combiner entre elles la conciliation de leurs intérêts. Il est des choses qu'on réglemente difficilement. Ici, on se heurterait contre un obstacle à peu près insurmontable. En fixant un tarif, il faudrait aussi déterminer un degré de vitesse qui varierait selon l'état des routes (1). Car, en matière de transports, c'est

(1) C'est ce qui a été pratiqué en Prusse; mais alors on a été obligé

dans cette vitesse qu'est le succès ; et ce succès, pour les voitures publiques, dépendrait toujours des maîtres de poste. Il interviendrait donc des traités où les tarifs seraient mis de côté, c'est à dire qu'on ferait, avec un réglement rendu illusoire, ce qu'on fait aujourd'hui sans réglement. Ainsi la lacune qui se trouve dans la loi, l'expérience s'est chargée de la remplir ; et c'est fort sagement que pendant trente ans l'art. 3 de cette loi est resté sans exécution, comme devait y rester l'art. 91 de la loi du 28 avril 1816 (1).

Voilà dans notre pensée, le véritable sens de cet article. Il ne s'occupait, en aucune façon, d'un mode de perception à établir plus tard. L'art. 1er avait tout réglé sur ce point. Il était même impossible qu'il en fût autrement ; le mode de perception devait nécessairement résulter du principe de la loi. Etablissait-elle un impôt ? de plein droit cette perception se faisait par les employés du trésor. Fixait-elle seulement une indemnité en réparation d'un dommage ? l'indemnité devait être touchée par ceux auxquels le dommage était causé, comme il devait être payé par ceux qui profitaient de ce dommage. Or, l'art. 1er de la loi (et il renferme la loi tout entière) décrète une indemnité : il pouvait, dès lors, se dispenser d'indiquer par qui cette indemnité serait perçue ; mais, comme pour

---

d'établir, pour la durée des parcours, six catégories de chemins. Le gouvernement d'ailleurs a le monopole des voitures publiques, et la concurrence ne put pas faire fléchir les tarifs. — V. chap. IV, *Postes de Prusse.*

(1) « Les notaires, avoués, etc., pourront présenter des successeurs à l'agrément de S. M....... Il sera statué par une loi particulière, sur l'exécution de cette disposition, et sur les moyens d'en faire jouir les héritiers ou ayants-cause desdits héritiers. »

éviter toute controverse possible, il le déclare surabondamment : « L'indemnité sera *payée aux maîtres des relais* dont on ne prendra pas les chevaux. »

Rien, d'ailleurs, de ce qui caractérise l'impôt ne se rencontre ici. L'impôt est une subvention accordée à l'état pour l'entretien des services divers. Avant que cette subvention fût déterminée et établie par la loi, ceux qui la paient ne devaient rien; elle n'a point, en effet, sa source dans des contrats antérieurs; la loi de finance ne reconnaît pas une dette, elle crée une obligation, elle impose une charge. Enfin l'impôt a nécessairement un autre principe que l'indemnité; il n'est jamais institué en faveur de telles ou telles personnes, il est payé par tous et pour tous.

L'indemnité perçue par les maîtres de poste constitue-t-elle donc un droit sans exemple? Bien au contraire; les entreprises de l'intérêt le plus général s'exécutent, tous les jours, d'après le principe que nous invoquons; et, par exemple, une compagnie soumissionne la construction d'un pont, d'un canal, d'un chemin de fer, sous la condition de percevoir un péage d'avance déterminé. C'est bien là, aussi, une taxe prélevée par des particuliers sur des particuliers; et cependant elle n'a rien que de légal, parce qu'elle ne constitue pas un impôt.

La loi du 15 ventôse repose sur les vrais principes; c'est un point désormais bien compris; faut-il cependant la changer, non plus parce qu'elle serait entachée d'une sorte d'inconstitutionnalité, mais parce que son mode de répartition consacrerait une injustice? La solution de cette question se trouvera dans le paragraphe suivant.

§ 3.

La répartition de l'indemnité de 25 cent. doit-elle être changée?

« L'impôt des 25 cent., a dit M. le président de la Chambre, avait pour objet d'indemniser, non pas tous les maîtres de poste, mais ceux des maîtres de poste qui, placés dans une situation désavantageuse, ne faisaient pas, dans leurs relais, avec les voyageurs en poste, de quoi s'indemniser du nombre de chevaux que leur titre de maître de poste les obligeait d'entretenir dans leur résidence.

« Ainsi le but de la loi était celui-ci : les postes, pour être utiles, doivent offrir des lignes continues; si tout le monde y gagne, nul risque d'interruption; mais, comme il y a des lignes où l'on ne gagne pas, et où cependant il est nécessaire que l'on passe, puisque sans cela le but qu'on s'est proposé ne serait pas atteint, il faut établir une indemnité pour soutenir ceux qui se trouvent dans cette position désavantageuse.

« Eh bien! il arrive tout le contraire de ce que la loi a voulu; c'est que les maîtres de poste qui gagnent le plus par leurs relais sont ceux qui prennent le plus aussi dans le droit de 25 cent... Enfin, le produit de l'impôt est irrégulièrement réparti, et le résultat va diamétralement contre le but que la loi s'est proposé. »

La discussion prend ici une gravité nouvelle; et, dans notre pensée, nous sommes arrivés au seul point qui fixera, d'une manière sérieuse, les méditations de la commission. Sa haute sagesse aura bien vite fait justice du plan de bouleversement général dans les postes, conçu par le chef de cette administration. Mais qu'on y prenne garde! l'innovation que nous allons combattre conduirait, sous une couleur de justice distributive, à une irremédiable perturbation. Ce n'est pas tout: un changement de législation sur la répartition du droit de 25 cent. entraînerait infailliblement, c'est l'administration des postes et M. Humann qui l'ont établi, la destruction du service des postes, tel qu'il est organisé.

Voilà une considération d'intérêt général qui sera justifiée, en même temps qu'une haute question de justice, on pourrait dire de probité politique, sera appréciée. — Et déjà, pour déterminer la gravité de cet examen, disons de suite que, là où le président de la Chambre des députés voit respect du droit de chacun, un ministre, et ce ministre est M. Humann, trouve une injustice profonde, et l'administration des postes, une spoliation. — Disons encore qu'alors qu'un système nouveau se trouve improvisé à la tribune, cette administration, après de longues méditations, établit que ce système est d'une exécution impossible.

Dans un pareil conflit, et en une matière jusqu'à présent peu approfondie, trois questions se présentent qui doivent être examinées avec un soin dégagé de toute prévention.

La législation qui nous régit a-t-elle consacré le mode de répartition du droit de 25 centimes, tel qu'il existe aujourd'hui?

Ce mode de répartition n'est-il pas conforme aux règles sévères du droit?

Enfin ce qui est conforme au droit est-il conforme aussi à l'équité?

I. Est-il bien vrai que la loi du 15 ventôse an XIII « avait pour objet, non pas d'indemniser tous les maî« tres de poste, mais seulement ceux d'entre eux qui se « trouvaient placés dans une situation désavantageuse? » On avait, parfois, contesté la justice de l'allocation, telle qu'elle se fait, mais jamais sa légalité. On avait pensé qu'il fallait s'adresser aux Chambres pour changer cet ordre de choses, mais jamais à l'administration « pour faire rentrer la chose dans la régularité. » De semblables paroles, si je leur donne bien leur sens véritable, sont de nature à placer le pouvoir dans une étrange perplexité.

Si les termes de la loi avaient la moindre obscurité, trente années d'interprétation uniforme donnée à cette loi, par tous les gouvernements qui se sont succédé, en auraient suffisamment déterminé le sens.

Et trente années d'une jurisprudence constante auraient imprimé à cette loi, au besoin, son vrai et définitif caractère. Au milieu des innombrables monuments de cette jurisprudence, on n'en citerait pas un seul où l'on ait mis en doute le véritable sens de la loi à appliquer.

C'est que jamais loi ne fut plus formelle dans ses termes. Citons encore :

> « Tout entrepreneur de voitures publiques qui ne se servira pas des chevaux de poste sera tenu de *payer*, par poste et par cheval, 25 centimes AUX MAÎTRES DES RELAIS dont il n'emploiera pas les chevaux. »

Qu'importe que par son art. 3, la loi ait ordonné « qu'il serait pourvu provisoirement à l'exécution de la « présente loi, par un réglement d'administration pu- « blique? » Ce réglement, nous avons plus haut déterminé son objet. Mais en admettant qu'un mode particulier de perception du droit restât à fixer, le réglement ne pouvait, dans aucun cas, annuler la loi ; or, cette loi tout entière est dans son article 1er ; et, comme cet article crée l'indemnité et en spécialise l'emploi, c'eût été mutiler la loi que d'anéantir, par voie réglementaire, cette spécialité.

II. Nous venons de dire ce que la loi de l'an XIII a fait; nous dirons maintenant qu'elle ne pouvait procéder autrement, sans violer cette justice distributive dont elle a respecté les règles.

Nous nous attendions à trouver dans l'improvisation du 20 juin quelques mots sur l'origine du droit contesté. C'est ainsi que procède d'ordinaire son savant auteur, quand il porte le flambeau de l'analyse dans les profondeurs d'une question ardue. Le rapprochement des dispositions législatives antérieures pouvait aussi jeter un grand jour sur la question controversée. Il est rare, en effet, que le législateur trouve table rase quand il réglemente une matière; et la loi du 15 ventôse, plus que toute autre, ne pouvait s'expliquer que par la loi qui l'avait précédée, et avec laquelle elle se coordonnait, tout en la modifiant.

Cette corrélation nécessaire apparaît aux premiers mots de la loi nouvelle : « Tout entrepreneur de voitures publiques qui ne se servira pas des chevaux de la poste « sera tenu de payer, etc. » Prendre les chevaux d'un relais, c'est donc la règle pour un entrepreneur ; se servir des siens, c'est l'exception. Mais cette règle et cette exception, prises isolément, ont quelque chose d'étrange; elles se rattachent donc à un droit primitif, incontesté. — La loi nouvelle, en effet, n'est qu'une application d'un principe antérieurement posé. Ce principe, il est consigné dans la loi organique des postes; dans la loi qui a créé ou plutôt conservé un monopole, si l'on veut se servir de ce mot, mais un monopole nécessaire, créé dans un intérêt social, et qui, constitué en 1793, ob-

tiendrait, au besoin, indulgence en 1838 : « *Il* sera en-
« tretenu, porte l'art. 68 de la loi du 29 juillet 1793,
» dans toute l'étendue de la république, un service de
« relais nationaux, tant pour la conduite des malles
« et DILIGENCES que pour le service des citoyens qui
« voudront voyager en poste. *Les entrepreneurs* de
« ces relais seront établis dans leurs fonctions en vertu
« d'une commission du pouvoir exécutif. » — Ce droit, ainsi bien déterminé, déclaré transmissible par la même loi à moins de mauvais service constaté, a-t-il été concédé aux maîtres de poste à titre gratuit ? Enumérons les charges que la même loi leur impose. Ils doivent résider à toujours dans un lieu déterminé ; ils se transporteront, avec leurs chevaux et leurs postillons, partout et à toutes distances où le service de l'Etat réclamera leur concours ; ils seront prêts à lancer leurs attelages, sur les routes, le jour, la nuit, au cœur de l'hiver, toujours aux ordres de chacun, et, avant tout, à la disposition de l'administration. C'est peu : il leur faut encore, *à ces entrepreneurs*, engager des capitaux considérables, acheter un énorme matériel, louer des terres, construire de vastes bâtiments qui ne sont propres qu'à une destination spéciale (1). — Et en échange

(1) Ce n'est pas tout. Ils ont payé à l'État, et à diverses reprises, le brevet qui n'était accordé qu'à de si dures conditions. « Attendu, porte l'édit royal de novembre 1635, la nécessité de nos affaires présentes, qui requièrent secours, lesdits maîtres de poste seront tenus de nous PAYER les sommes auxquelles ils seront modérément taxés en notre conseil ; autrement et à faute de ce faire, nous voulons les refusants et délayants être dépossédés de leurs charges, en *les remboursant* actuellement de ce qu'ils justifieront en avoir payé, sans fraude ni déguisement, et autres personnes capables pourvues et admises en leur lieu. »

de charges si nombreuses et si lourdes, un droit seul (remarquons-le bien, car la raison de décider est là), un droit seul leur est concédé : celui d'effectuer le transport, à l'exclusion de toute autre entreprise, de tous les voyageurs *en diligence* comme en poste. Voilà le contrat tout entier tel que l'édit de 1709 l'avait formulé (1), tel que la loi organique du 29 juillet 1793 l'a sanctionné; contrat vraiment synallagmatique, où, de part et d'autre, on stipule et consent des obligations, on reçoit et on concède des avantages.

Voilà l'ordre de choses que la législation, d'accord avec une possession immémoriale, avait fixé, et auquel des circonstances nouvelles durent cependant porter une grave modification.

Déjà, et avant l'an XIII, les rapides progrès qu'avait faits l'industrie entraînaient des exigences qu'il fallut satisfaire. Le moment était venu où les différents modes de transport devaient être abandonnés à la libre concurrence. Cependant on voulait conserver les postes; comment alors leur enlever le droit exclusif du transport des voyageurs? Là se trouvait la condition essentielle de leur établissement : c'était un bail à vie avec l'institution, bail dont le terme devait être le signal de sa ruine. La difficulté était grave; on fit pour en sortir ce que la nécessité, d'une part, et l'équité, disons aussi l'intérêt public, de l'autre, conseillaient; on procéda par transaction : la nouvelle industrie fut soumise à une indemnité envers l'industrie dépossédée. Aux droits anciens furent

(1) Cet édit n'est que la reproduction des lettres-patentes données par François Ier, le 5 juillet 1527, et qui défendaient à toutes personnes autres que les *chevaucheurs* de fournir des chevaux aux voyageurs.

substitués des droits nouveaux, mais ayant la même origine; et la loi qui consomma cette sage conciliation, exécutée depuis plus de trente ans, n'avait soulevé que quelques rares récriminations de la part de ceux qui avaient perdu de vue sa nature et son origine.

Écoutons encore le grave jurisconsulte qui a éclairé d'une si vive lumière la question de la mise en adjudication publique des relais. Il va expliquer aussi la loi du 15 ventôse; mais, pour cela, il accomplira le vœu que nous inspirait tout à l'heure l'improvisation du 20 juin. Il remonte à l'origine de cette loi, c'est dire qu'il va lui assigner son véritable esprit :

« L'État a eu de tout temps, dit M. Odilon-Barrot, le monopole des postes. Inutile de discuter la légitimité de ce monopole, qui se rattache à une des premières créations du gouvernement central. Au sortir de l'anarchie féodale, dès 1464, l'État a traité de ce monopole, et en a confié l'exercice à des entrepreneurs. Les droits se trouvaient à côté des obligations. Ces droits étaient fort étendus; plusieurs étaient inconciliables avec l'égalité constitutionnelle. Ils ont disparu. Les autres ont été conservés jusqu'à ce jour par tous les gouvernements, et ont traversé toutes nos révolutions.

« Ces droits se résument en un seul, constitutif du monopole même, le droit exclusif d'établir des relais pour le transport des voyageurs. Otez à ce droit son caractère exclusif, et vous détruirez le monopole de l'État.

« Une grave modification a cependant été apportée à ce droit par une loi du 15 ventôse an XIII, qui permet aux messageries d'établir des relais sur les grandes routes, au lieu de se servir de ceux des maîtres de poste, sous la condition de payer à ceux-ci 25 cent. par cheval.

« C'est là une espèce d'abonnement du dommage causé aux maîtres de poste par la dérogation à leur droit exclusif, abonnement réglé et imposé par l'État.

« Les maîtres de poste, après maintes protestations, s'y sont enfin soumis. Nous l'avons déjà fait observer, l'indemnité des

25 cent. a été attribuée aux maîtres de poste en remplacement ou abonnement d'une partie de leur droit exclusif des relais ; ce n'est pas là un impôt levé sur une classe d'industriels, au profit d'autres industriels, ce qui ne pourrait ni s'expliquer ni se justifier ; ni même une rétribution ou un salaire payé par l'État : c'est le prix de cette partie du privilége des maîtres de poste qui a été, par la loi de l'an XIII, transportée aux entrepreneurs de messageries ; c'est un échange dont la chose échangée est, d'une part, le droit de relais ; de l'autre, la prestation de 25 cent. par cheval, échange qui, pour avoir été imposé en quelque sorte par l'État, n'en conserve pas moins son caractère commutatif. »

Cette doctrine nous semble la seule vraie. Elle lie la législation de l'an XIII à la législation antérieure ; si les circonstances ont nécessité des modifications dans la première, son principe est toujours respecté ; une juste proportion se trouve établie entre le sacrifice imposé et le dédommagement offert. C'est surtout celui qui éprouve ce dommage qui reçoit ce dédommagement, et dans la juste proportion de ce dommage. En un mot, la loi de l'an XIII montre un respect religieux pour les droits acquis en vertu, comme le dit M. Odilon-Barrot, d'un échange qui a le caractère d'un acte commutatif.

III. Une justice rigoureuse a dicté, nous venons de le prouver, les dispositions de la loi du 15 ventôse.

Examinons si la modification qu'on voudrait établir dans la répartition de l'indemnité ne blesserait pas les règles de l'équité, tout autant que la sévérité du droit.

Une vérité, à l'abri de toute contestation, a été établie : c'est que l'indemnité perçue par un maître de poste n'est que la représentation du bénéfice qu'il eût trouvé dans la conduite des voitures publiques, à laquelle il avait, d'après la loi de son institution, un droit exclusif. Ainsi, prétendre qu'il faut enlever à tel relais, que des circonstances momentanées favorisent, une partie des indemnités qu'il reçoit, pour en gratifier tel autre relais moins fréquenté, c'est dire que ce partage doit aussi s'étendre au bénéfice des courses que fera le premier relais, quand ses chevaux seront employés. Pour être logique, il faut aller jusque là ; car, entre bénéfice des courses qu'on fait, ou indemnité pour les courses qu'on aurait le droit de faire, il y a analogie complète. — Et remarquons-le bien, les mêmes motifs militeraient, dans cette hypothèse, en faveur d'une prétendue justice distributive; on dirait aussi : « Qu'il y a des lignes où on ne gagne pas, et où cependant il est nécessaire que l'on passe, et qu'il faut soutenir ceux qui se trouvent dans cette position désavantageuse. »

Qu'on se persuade donc bien qu'il arrive, sous l'empire de la loi indemnitaire, ce qui arrivait, ni plus ni moins, sous l'empire de la législation exclusive qui a duré pendant quatre siècles. Dans certains relais, régnait une grande activité; d'autres voyaient de rares voyageurs; quelques-uns étaient presqu'abandonnés. Tous vivaient pourtant, parce que tous joignaient, alors comme aujourd'hui, à une industrie plus ou moins ingrate, une autre industrie plus ou moins active, dont la première était le principal élément. L'inégalité dans les avantages, comme dans les efforts et les sacrifices qui les ont préparés, est la loi de toutes les industries; et, à aucune époque, on n'avait songé à cette sorte de loi agraire qui établirait une chimérique égalité dans des bénéfices aussi divers que les éléments dont ils se composent.

Cette inégalité, en matière de postes, n'est pas seulement le résultat de circonstances permanentes; elle résulte aussi des événements divers qu'aucune sagesse humaine ne peut prévoir. Les lignes du Midi, du Nord, de l'Est ont, tour à tour, prospéré selon que l'état de l'Europe a multiplié les agitations guerrières ou les pacifiques relations. Les lignes les plus florissantes, celles de la Belgique, du Hâvre, d'Orléans, sont, si l'on n'y porte remède, menacées aujourd'hui d'une ruine imminente; le tour de quelques autres viendra demain; c'est là le sort de nos villes, de nos ports, tout comme de nos relais: c'est le sort des choses humaines. Vouloir y porter un impuissant remède et corriger les chances de la fortune, c'est une illusion très philanthropique sans doute, mais ce n'est pas le calcul sérieux d'un homme d'état.

Elle serait empreinte d'une philanthropie plus vraie, plus féconde en bienfaits, la pensée de consolider ce qui est, au lieu d'ajouter incessamment des ébranlements nouveaux aux ébranlements qu'entraînent les grandes commotions politiques. Le sort des maîtres de poste, tel que la loi du 15 ventôse l'a fait, avait la double consécration du droit et du temps. D'innombrables transactions sont survenues, sur la foi de cette légitime garantie. Au sein des familles, où vous allez jeter la perturbation, des partages que vous rendrez ruineux sont intervenus. La chose a été vendue, partagée, non pas avec ses charges seulement, mais avec ses fruits aussi; et pour les postes, le produit presque entier est dans la conduite exclusive des voitures publiques, ou dans l'indemnité qui la remplace. Et vous voulez que tant de contrats n'aient été que des déceptions! que celui qui paya hier chèrement un relais fréquenté soit ruiné, pour que celui qui traita à bas prix, d'un relais improductif, se trouve tout à coup enrichi! Et c'est là de la justice distributive! c'est là « faire rentrer la chose dans la régularité! » Cette régularité prétendue, elle a reçu d'avance, de celui que l'innovation la plus radicale ne fait cependant pas reculer, sa véritable qualification :

« Nous sommes obligés, dit dans son mémoire sur l'organisation nouvelle des postes le chef de cette administration, de reconnaître que les divers projets qui ont été présentés pour remplacer les dispositions de la loi du 15 ventôse an XIII, plus ou moins entachés d'arbitraire, s'éloignent également des principes du droit public. Il est évident que ces projets disposent d'une portion du revenu des maîtres de poste pour en gratifier d'autres titulaires.

« Or, de quelque nom que l'on colore une pareille mesure, quels que soient les ménagements que l'autorité apporte dans son exécution, il n'en est pas moins vrai que ceux qu'elle devrait atteindre seraient incontestablement fondés à dire que la loi viole, à leur égard, le droit toujours sacré de la propriété...

« Justifier l'emploi de la répartition nouvelle du produit de la retenue exercée sur le revenu que les maîtres de poste tirent de la loi du 15 ventôse an XIII, n'est pas légitimer la retenue elle-même. Il est trop vrai que cette mesure est injustifiable ; elle ressemble trop à une SPOLIATION, et la répartition sans base positive à une mesure arbitraire. »

Enfin, un homme d'État qui, certes, ne se laisse pas arrêter par la hardiesse des combinaisons, quand elles lui paraissent empreintes d'intérêt général, repousse, lui aussi, un projet entaché de spoliation :

« Plusieurs fois, dit M. Humann, dans son rapport sur le budget de 1832, il a été proposé à cette tribune de centraliser la perception du droit de 25 cent., d'en attribuer aux maîtres de poste une somme fixe, par an et par cheval entretenu, et de former du surplus un fonds commun destiné à des indemnités pour des cas extraordinaires et des positions exceptionnelles. On proposait aussi de répartir le produit d'après les bases de la loi du 15 ventôse an XIII, mais d'en retenir une part en faveur des relais sur des routes abandonnées ou peu fréquentées par les voitures passibles du droit de 25 cent. Des scrupules honorables ont arrêté l'administration à mettre ces projets en pratique. Les maîtres de poste possèdent sous la foi de la législation; et si celle-ci a mal distribué la subvention, il faudrait blesser profondément des intérêts créés par une loi qui a vingt-sept années d'existence, il faudrait enlever aux uns pour donner aux autres, s'exposer à commettre une injustice pour accorder un bienfait. »

IV. La mesure que nous combattons doit être repoussée comme injuste, arbitraire, spoliatrice; c'est ainsi que la qualifient ceux qui ont approfondi ses résultats; ce n'est pas tout : elle offrirait dans l'exécution d'insurmontables obstacles.

Cette vérité est développée avec un soin scrupuleux par le chef de l'administration des postes; il reproche à tous les systèmes de répartition sur une base nouvelle, de consacrer d'abord la violation des droits acquis, ensuite « de ne donner aucune garantie contre les abus « d'une répartition arbitraire. » — C'est ainsi qu'il arrive au résultat nécessaire de tout changement dans la loi du 15 ventôse, et que M. Humann résume en ces termes :

« L'administration ne voit qu'un moyen pour sortir de ces difficultés, c'est de changer entièrement le régime des postes aux chevaux, et de mettre les relais en adjudication, avec publicité et concurrence. »

Ainsi le problème d'une modification dans la répartition du droit de 25 cent. est insoluble. Le nœud gordien ne peut être tranché que par un moyen violent, impolitique, ruineux, par le renversement d'un service que tout le monde, son chef excepté, veut conserver.

Cependant il est vrai de dire que M. le Président de la chambre des députés, dont la haute sagesse repousserait ce parti extrême, indique un mode d'exécution de la modification qu'il propose :

« Quel que soit le chiffre, soit le chiffre primitif, soit le chiffre avancé de 3,758,000 fr. (et je crois, pour ma part, qu'il est de 6,000,000), je dis que cet impôt devrait être perçu régulièrement et versé dans les caisses publiques. Ensuite, après s'être fait rendre compte de la situation de chaque maître de poste, on dirait : Un tel, avec ses chevaux, a fait tant de bénéfice dans l'année ; il est en gain, il n'a rien perdu, il n'y a rien à lui donner. Tel autre n'a rien fait, ou peu de chose ; il faut lui donner telle somme. On établirait ainsi un marc le franc proportionnel entre le produit des relais, qui fait la recette régulière des maîtres de poste, et le chiffre de l'indemnité, qui viendrait comme supplément, mais en sens inverse des bénéfices qu'on aurait faits. »

Mais ce projet ne présente-t-il pas aussi dans l'exécution d'inextricables difficultés? et d'abord, ce n'est pas chose facile que de faire un compte exact des recettes et surtout des dépenses d'un relais. Il ne faudra pas constater seulement les courses faites, mais aussi les fourrages consommés, leur prix exact, le dépérissement des chevaux, les frais de leur entretien, les accidents de toute nature. Il sera nécessaire de bien tracer la ligne de démarcation entre les diverses industries auxquelles se livre un entrepreneur de relais et qui se confondent en tant de points, et les dépenses spécialement consacrées à chacune. Si tout cela est fort difficile pour un seul relais, que sera-ce quand il faudra faire un compte pareil pour 1,400 établissements! et par qui ce compte sera-t-il fait? consacrera-t-on dans une loi un intolérable arbitraire? laissera-t-on à un fonctionnaire public, qui d'avance recule devant une pareille responsabilité, la distribution suprême d'un somme annuelle, qu'on porte à 6,000,000? Disons-le avec franchise: un semblable projet est impraticable de tous points. Et c'est ainsi que la conviction de l'administration, sur le défaut d'application possible de tous les plans qu'on lui a soumis, reçoit la plus éclatante sanction: celle de l'impossibilité où s'est trouvée une des plus hautes capacités de l'époque, de créer une combinaison susceptible d'exécution.

V. Que les maîtres de poste le sachent donc bien: cette centralisation destinée, on l'espérait du moins, à rompre une union importune; cette centralisation, combattue dans des mémoires et vantée dans des entretiens confidentiels, pour les prétendus avantages qu'elle offre à quelques-uns d'entre eux, ils doivent la repousser, alors même qu'elle leur serait utile: ils ne voudraient pas s'enrichir par une spoliation. — Mais ce n'est pas tout: le nouvel édifice qui n'aurait qu'une pareille base ne tarderait pas à être renversé; et ces avantages arrachés à ceux qui ne les possédaient qu'à titre onéreux, ils seraient bientôt enlevés à l'injuste faveur qui en aurait obtenu le partage. Déjà s'est révélée une pareille combinaison.

Lorsque M. Gouin insinuait dans son rapport du budget de 1833 « qu'il fallait faire participer le trésor au bénéfice d'une partie de l'impôt des 25 cent., » l'honorable député exprimait la pensée secrète de l'administration des postes, de son chef du moins, qui arrivant ainsi à son but par un autre chemin, avait déjà eu soin d'établir, par des calculs irrécusables, que, sans l'indemnité entière des 25 cent., les postes ne pouvaient pas subsister. La communication d'un document fut faite le 18 mars 1836 à la commission du budget. Ce document, quoique ministériel par sa nature comme par sa destination, émanait *du cabinet du directeur de l'administration*; car il paraît que chaque ministre des finances veut prudemment laisser à son subordonné la responsabilité de ses projets. « L'administration a reconnu, dit le chef de cette administration, que le produit de l'indemnité des 25 cent. pouvait *déjà excéder la somme de protection qu'exige le service des relais*. Elle a reconnu aussi que les mesures à prendre pour modifier cet ordre de choses se liaient à d'autres réformes non moins importantes. Elle s'occupe *avec persévérance* d'un projet qui sera présenté, etc. » — Ainsi se trouve dévoilé le but réel d'une modification dans la loi de l'an XIII. On demande d'abord la centralisation. On verra, quand on l'aura obtenue, quel parti il faut prendre; mais déjà on déclare que la somme de protection qu'exige, non plus tel relais, comme le pensait le président de la chambre, mais le service tout entier, se trouve dépassée. — Que les maîtres de poste ne s'y trompent donc plus : toute rivalité comme toute illusion sont désormais impossibles. — Ils n'oublieront pas, d'ailleurs, que dans toutes les positions sociales, l'inégalité des avantages procède de l'inégalité ou des premiers efforts ou des premiers sacrifices, le plus souvent de l'inégalité des charges. Un exemple frappant va mettre dans tout son jour une vérité que les esprits les plus élevés, trompés par des rapports inexacts, peuvent parfois méconnaître.

VI. « Il y a tel maître de poste, a-t-il été dit à la « Chambre des députés, dans la séance du 20 juin, qui « avec le droit de 25 centimes, se fait 100,000 livres de « rente. »

« C'est vrai! » ajoute entre deux parenthèses l'infaillible *Moniteur*. Eh non! ce n'est pas tout à fait vrai; on n'a pas dévoilé l'énormité entière; et pour que l'exclamation fût complètement justifiée, il aurait fallu parler, non pas de 100,000 fr. seulement, mais de 112,658 fr. 66 cent.; car voilà, au juste, ce qu'avait rapportée dans l'année écoulée, au titulaire du relais de Paris, l'indemnité de 25 centimes. — Mais pour apprécier le produit d'une industrie, prendre un des éléments de ce produit comme bénéfice, sans en retrancher les dépenses matérielles qu'il a fallu faire pour l'obtenir, c'est arriver à un résultat que le compte de caisse justifiera difficilement.

L'administration des postes nous apprend quelle est la seule manière de procéder quand il s'agit d'un relais. Le calcul est bien simple: combien, toutes recettes comprises, chaque cheval rapporte-t-il par jour à ce relais?

En 1832, nous établîmes, pour la poste de Paris, ce calcul devant le conseil d'État. Aujourd'hui, le titulaire de ce relais veut bien nous communiquer trois tableaux, dressés sur des registres qui offrent un modèle de régularité, et qui seront soumis à la commission.

Le premier constate, pour 1837, la recette, jour par jour, des courses effectuées. Nous y voyons comment, le nombre des chevaux étant toujours le même, les produits quotidiens varient dans la proportion de 61 fr. 75 cent. à 664 fr. 49 cent.

Le deuxième tableau indique, mois par mois, le nombre des chevaux employés; savoir : les chevaux en rang, les chevaux à l'infirmerie, les chevaux boiteux et momentanément consacrés à l'agriculture; cette dernière colonne doit être spécialement remarquée.

Le troisième tableau renferme le relevé général des recettes de toute nature, et donne le résultat comparé des produits et du nombre de chevaux employés. Ce résultat, il est, par cheval, de 3 fr. 77 cent. 3/10es avec l'indemnité; et sans l'indemnité, il se réduirait à 2 fr. 77 cent. 13/40es (1).

---

(1) Ne perdons pas de vue que ce résultat n'est obtenu que parce que la poste de Paris, comme poste royale, est payée double à ses entrées et à ses sorties. Cette allocation, justifiée par des dépenses extraordinaires, est calculée, à Londres, dans la même proportion.

« Ailleurs, on peut fournir des chevaux à 50 pour cent meilleur mar- « ché que je ne peux le faire à Londres. »

(*Interrogatoire de W. Horne, entrepreneur de relais de Londres.*)

RECETTES DES COURSES EN 1837. (*)

MOIS.	1	2	3	4	5	6	7	8	9	10	11	12	13	14	15	16	17	18	19	20	21	22	23	24	25	26	27	28	29	30	31	TOTAUX.
Janvier	65	83	75	83	115	48	60	99	111	140	164	95	70	77	102	120	99	61	70	51	126	65	83	74	117	159	119	188	138	168	114	3,153
Février	69	78	86	76	95	111	132	139	54	108	421	92	108	168	115	158	60	146	126	137	157	131	148	58	79	91	115	122	»	»	»	3,000
Mars	95	84	87	150	104	101	85	242	269	218	66	184	193	153	152	82	153	164	155	145	144	144	120	59	107	87	234	231	214	193	138	4,565
Avril	269	175	290	306	230	162	124	119	99	257	101	141	180	333	197	204	205	177	218	279	99	152	87	213	217	208	148	245	284	184	»	5,714
Mai	305	339	373	359	236	370	152	494	421	444	682	251	359	332	371	536	472	461	300	453	335	452	308	556	378	261	273	277	717	228	404	11,399
Juin	436	322	407	146	370	365	396	455	372	403	140	416	392	210	664	247	552	391	574	569	508	479	327	456	341	528	563	448	506	266	»	12,664
Juillet	586	434	599	549	587	483	169	436	343	381	529	541	483	390	562	292	401	463	359	419	219	434	286	338	328	289	592	308	337	218	451	12,521
Aout	481	365	419	315	308	346	243	285	300	370	310	460	163	315	252	250	285	368	472	480	355	236	287	216	506	313	209	328	304	408	293	10,256
Septembre	424	298	220	308	502	345	343	292	265	306	252	334	250	423	222	388	340	405	342	307	459	269	358	279	423	470	234	278	393	302	»	9,945
Octobre	198	221	223	264	438	189	301	297	149	376	293	239	217	283	207	332	265	336	389	233	307	240	252	376	298	223	212	306	188	129	308	8,501
Novembre	230	301	172	215	158	154	247	241	117	239	133	193	137	147	220	145	133	138	145	148	113	143	165	100	121	152	137	119	135	91	»	5,049
Décembre	160	142	58	160	57	103	168	100	112	97	8	105	127	17	85	92	49	180	116	59	95	87	170	100	108	161	103	111	117	176	89	3,505
																																90,779

Total ci-dessus.	90,779
Produit net des services du Roi, distraction faite de 58 fr. payés à M le maître de poste de Charenton. . . 2,337. . ci,	2,337
Recette totale des courses.	93,116

(*) *On a retranché les centimes pour resserrer le tableau.*

CHEVAUX NÉCESSAIRES AU RELAIS DE PARIS.

ANNÉE 1837.

MOIS.	CHEVAUX en Rang.	CHEVAUX à l'Infirmerie.	CHEVAUX neufs de Réforme et des Inspecteurs.	CHEVAUX aux Facteurs.	CHEVAUX boiteux et infirmes à la Ferme.	TOTAL de l'effectif.
JANVIER . .	5,061	41	509	890	946	7,447
FÉVRIER . .	4,707	88	169	560	904	6,428
MARS . . .	5,562	106	205	»	1,111	6,984
AVRIL . . .	5,963	124	219	»	960	7,266
MAI	6,243	117	301	»	1,025	7,686
JUIN. . . .	6,080	76	317	»	813	7,286
JUILLET . .	6,093	14	340	»	896	7,559
AOUT . . .	6,345	69	242	»	910	7,586
SEPTEMBRE.	6,159	106	323	»	870	7 458
OCTOBRE. .	5,875	90	359	»	1,154	7,514
NOVEMBRE .	5,522		319	»	1;200	7,104
DÉCEMBRE .	5,563	22	159	»	1,114	6,958
TOTAUX.	69,389	916	3,618	1,450	11,903	87,276

RELEVÉ GÉNÉRAL DES RECETTES.

(ANNÉE 1837.)

Courses.	Produit net.	93,116	79
Malles.	Guides payées.	61,824	44
Diligences.	Idem.	49,531	19
Estafettes.	Idem.	1,614	68
Facteurs à cheval.		4,082	50
Indemnité des 25 c. (1).		112,658	66
Approche des Malles.		800	»
États des Voyageurs.	Indemnités aux Receveurs payées.	400	»
Vente des Fumiers.		5,315	23
Gages.		450	»
	TOTAL.	329,793	49

Résumé.

PRODUIT DE LA JOURNÉE D'UN CHEVAL

A LA POSTE DE PARIS.

La somme totale des produits étant de.	329,793 f. 49 c.
Le nombre des chevaux nécessaires au service étant de.	37,276
Il en résulte que la journée d'un cheval a produit.	3 f. 77 c. $\frac{1}{10}$
Elle ne donnerait, sans l'indemnité de 25 c., que	2 f. 17 c. $\frac{13}{40}$

(1) Le tableau des recettes de cette nature sera soumis à la commission. Son volume a mis obstacle à ce qu'il fût produit ici.

Récapitulons, car ici les assertions vagues disparaissent; les chiffres seuls se montrent :

240 chevaux achetés, logés, entretenus, nourris; 12,819 journées de cheval boiteux et malade; par suite, mortalité annuelle ou moins-value, comme le constate par analogie un document officiel (1), évaluée à un tiers des chevaux employés, c'est-à-dire 80 chevaux; 8 à 10 agents, sans compter 60 postillons; de vastes bâtiments dans le sein de la capitale, un mobilier industriel qui, avec le prix du brevet, représente une mise de fonds de plus de 1,200,000 fr.; voilà, sans mentionner la juste rétribution qu'on doit retirer de toute industrie, les charges énormes auxquelles le titulaire du relais de Paris doit faire face, avec une allocation quotidienne de 3 fr. 77 c. 8/10es par cheval, et qui se réduirait, sans l'indemnité, à 2 fr. 17 cent. 13/40es (2). — Qu'on trouve, à de pareilles conditions, beaucoup de concurrents « pour « la place aux 100,000 livres de rente. »

Comment alors, dira-t-on, le relais actuel peut-il se soutenir? Je répondrai : il ne se soutient pas seulement, il prospère; mais il prospère parce que là où un autre trouverait ruine, le titulaire actuel fait naître un élément de prospérité. Nous avons, en indiquant l'objet des

---

(1) *Voyez* page 15.

(2) Ce chiffre est le résultat de la double allocation que reçoit, comme poste royale, la poste de Paris ; il en résulte qu'il faut prendre la moitié de ce chiffre pour avoir le produit d'un cheval dans les autres relais du royaume, fussent-ils aussi fréquentés que celui de Paris ; c'est donc, avec l'indemnité, 1 fr. 89 c. 4/10es, et sans l'indemnité, 1 fr. 08 c. 1/2. L'évaluation, quoique déjà si modeste, faite par M. le directeur de l'administration, de 2 fr. 18 c. avec l'indemnité, et sans l'indemnité de 1 fr. 50 c. (v. p. 9), est donc encore exagérée.

tableaux qui précèdent, signalé spécialement le deuxième; il renferme, en effet, le secret du maintien d'un relais comme celui de Paris. 11,903 journées de cheval impropre au service de la poste écraseraient une entreprise ordinaire; mais le titulaire du relais de Paris est à la fois grand propriétaire et grand agriculteur; les chevaux fatigués qui ne pourraient, sans se ruiner complètement, attelés à une rapide malle-poste, faire quatre lieues à l'heure, se reposent et se fortifient en traînant paisiblement la charrue; ces mêmes chevaux, un peu refaits, conduisent ces omnibus qui sillonnent Paris; et pour des chevaux de poste, condamnés à la vitesse qu'on leur impose, la marche d'un omnibus est encore du repos. — Disons donc, pour le relais de Paris comme pour tous ceux du royaume, avec M. Odilon. Barrot: « Les postes ne se soutiennent que par les indus-« tries accessoires qui s'y rattachent. »

CHAPITRE IV.

DES POSTES ÉTRANGÈRES.

ALLEMAGNE. Propriété des relais méconnue; réparation; congrès de Vienne. Système des postes sous la domination du prince de la Tour et Taxis.—PRUSSE. Organisation exceptionnelle. — ITALIE. Monopole au profit des différents gouvernements; il s'étend sur toutes les voitures publiques. Lignes non montées. — ESPAGNE. Situation précaire des relais; améliorations ajournées.— BELGIQUE. Système français conservé. Les charges non transmissibles; exception à cette règle pour les maîtres de poste. Maintien de l'indemnité de vingt-cinq centimes; son extension projetée. — HOLLANDE. Système français introduit par le roi Guillaume. — ANGLETERRE. Enquête ordonnée par le parlement sur les postes. Exemple de respect pour les vœux parlementaires; exemple contraire chez nous. Règles de justice distributive autrement comprises dans les deux pays. Les postes en France marchent plus économiquement, plus régulièrement et plus vite; documents officiels produits sur ces trois points. Conclusion.

Nous avons, dans un premier chapitre, fait connaître l'état actuel des relais. — Le deuxième a été consacré à repousser l'innovation désastreuse dont ils sont menacés. — Dans le troisième, la centralisation de l'indemnité qui les fait vivre a apparu comme une spoliation des droits de quelques-uns, d'abord; des droits de tous bientôt ; conduisant fatalement au renversement de l'institution que l'on voudra cependant conserver. — L'excellence de cette institution ressortira du rapprochement que nous allons faire des divers systèmes des autres peuples. Dans ceux mêmes qui paraissent s'écarter du nôtre, l'imitation est sensible en plusieurs points. Là, encore, nous sommes créateurs. L'institution des relais était florissante en France, que les États voisins ignoraient le bienfait des rapides communications qu'elle avait créées. Long-temps objet d'un étonnement jaloux, nos postes finirent par servir de modèle ; et, sous ce rapport encore, la France a donné l'impulsion, l'Europe l'a suivie.

L'ALLEMAGNE.

L'empire d'Allemagne, le premier, a marché sur les traces de la France. Ce fut au commencement du quinzième siècle qu'un comte de la Tour et Taxis organisa ce service important. Il posséda les postes, dès l'origine, comme fief transmissible à ses héritiers, même collatéraux. Un droit régalien fort modéré était seulement payé aux différents souverains qui formaient l'empire germanique.

De grands sacrifices furent faits par les descendants du comte de la Tour et Taxis ; d'importantes améliorations en résultèrent ; et déjà nous pouvons remarquer une analogie frappante, au moins quant à l'origine du droit, entre cette position et celle des titulaires de nos relais. Eux aussi, ils en furent les véritables créateurs, à leurs frais et dans un intérêt privé qui se confondait avec l'intérêt du royaume.

En 1803, lors de la dissolution de l'empire, un autre ordre de choses commença. Toutefois le recès du 25 février conserva à la famille de la Tour et Taxis le domaine utile des postes allemandes. Les revenus lui en furent assurés, sauf les arrangements particuliers à prendre avec les souverains des divers États. C'est ainsi que la Bavière, en 1809, et le grand-duché de Bade, en 1811, traitèrent avec le prince de la Tour et Taxis, et lui payèrent, pour la cession de ses droits, l'indemnité qui fut fixée d'un commun accord.

Le Wurtemberg procéda autrement. A l'époque où une alliance française vint augmenter son influence, il crut pouvoir faire acte de puissance, en dépouillant le prince de la Tour et Taxis des postes du nouveau royaume. Ailleurs on devait cacher, plus tard, le projet d'une spoliation qui offre avec celle-ci une grande analogie, sous la couleur d'une indemnité illusoire, mais qui atteste au moins un respect forcé pour le principe. Le roi de Wurtemberg dédaigna un pareil tempérament; et, sans traité, sans indemnité, il dépouilla de son légitime droit le titulaire des postes de son royaume. Un moment devait venir où une éclatante réparation serait donnée au prince de la Tour et Taxis, ce fut le congrès de Vienne qui la lui offrit :

« La maison des princes de la Tour et Taxis conservera la possession et les revenus des postes dans les États confédérés, telles qu'elles lui ont été assurées par le recès de la députation de l'Empire du 25 février 1803, ou par des conventions postérieures, autant qu'il n'en sera pas autrement disposé par de nouvelles conventions, librement stipulées de part et d'autre. En tous cas, les droits et prétentions de cette maison, soit à la conservation des postes, soit à une juste indemnité tels que le susdit recès les a établis, seront maintenus.—Cette disposition s'applique aussi au cas où l'ancienne administration des postes aurait été abolie depuis 1803, et contrairement au recès de la députation de l'Empire, à moins que l'indemnité n'ait été définitivement fixée par une convention particulière. »

(*Art. 17 de l'acte sur la constitution fédérale de l'Allemagne, du 8 juin 815* .)

En exécution de ces traités, le roi de Wurtemberg, qui aurait dû payer une indemnité considérable, préféra restituer les postes à leur légitime propriétaire; pendant que, de son côté, le roi de Prusse traitait avec le prince, lorsqu'il réunissait à son royaume le grand-duché de Berg et une partie de la Westphalie.

Les droits du prince ne s'étendent pas moins aujourd'hui sur une partie importante de l'Allemagne (1). Il nomme les titulaires des relais, avec lesquels intervient alors un contrat dont les conditions varient. Comme la propriété appartient au prince, les fonctions ne sont pas héréditaires; mais presque toujours ce sont les mêmes personnes qui les exercent, et la transmission du père aux enfants a le plus souvent lieu. La plupart des contrats renferment le droit réciproque de résiliation, en donnant un avertissement trois ou six mois à l'avance. — Cette règle reçoit une exception dans le Wurtemberg et le grand-duché de Hesse. Là, les maîtres de poste sont fonctionnaires publics; institués à ce titre, ils peuvent être destitués sur une plainte de l'administration; ce cas est toutefois excessivement rare. — Les messageries sont conduites par les maîtres de poste pour

(1) Francfort sur-le-Mein, le grand-duché de Hesse, l'électorat de Hesse, le royaume de Wurtemberg, le grand-duché de Saxe-Weimar, le duché de Saxe-Cobourg-Gotha, le duché d'Altenbourg, les principautés de Reuss et de Schwarzburg; tels sont les États dont les postes sont possédées par le prince de la Tour et Taxis.

le compte de chaque gouvernement. — Le tarif, un peu plus élevé que celui de France, fixe le prix du mille, parcouru par deux chevaux de poste, à 1 fl. 30 kr. ; et, dans les années mauvaises, les tarifs reçoivent encore une augmentation (1).

La Prusse a porté, dans le système de ses postes, cet esprit de sévère justice et d'exactitude, en quelque sorte militaire, qui préside à ses actes d'administration publique. Tout se trouve prévu et réglementé. Le choix des titulaires, uniquement déterminé par des considérations d'économie, reste étranger aux considérations bienveillantes pour des services rendus. Les règles sont d'ailleurs fixées avec une grande précision ; elles méritent une attention particulière. Les renseignements que nous nous sommes procurés sont puisés dans des documents officiels.

Le nombre des chevaux attelés à une voiture de poste est déterminé par la classe à laquelle cette voiture appartient, par l'état des routes, par le poids de la charge, et non comme chez nous par le nombre de voyageurs.

L'état des chemins est surtout pris en considération. Ils sont divisés en deux catégories : les chemins pavés et non pavés, qui se subdivisent eux-mêmes en chemins unis et en chemins montueux. Une seconde subdivision a été introduite, par un esprit de justice poussé

(1) C'est ce qui s'est constamment pratiqué en France, sous l'ancienne monarchie. Ainsi la disette des fourrages ayant, en 1693, ruiné plusieurs relais, une ordonnance du 22 décembre prescrivit aux relais voisins de faire le service de ceux qui avaient été abandonnés, et augmenta le tarif. Cette augmentation était toujours ordonnée dans les temps difficiles, ainsi que l'attestent les ordonnances des 12 janvier 1669, 10 décembre 1673, 22 février 1708, 17 décembre 1719, etc.

jusqu'au scrupule, sur les chemins non pavés, entre les voitures qui tiennent et celles qui ne tiennent pas l'ornière.

Le poids des voyageurs (1) est légalement déterminé. Une personne âgée de plus de seize ans est comptée pour 150 livres; de treize à seize ans pour 100 livres; de cinq à douze ans pour 50 livres; un ou deux enfants, au dessous de cinq ans, ne sont pas comptés. Les malles, caisses, porte-manteaux ont aussi un poids fixé et sauf examen ultérieur, mais toujours fait avec une grande discrétion (2).

Les voitures sont divisées en trois classes. Le nombre de chevaux, calculé d'après le poids de la charge, varie encore selon que la voiture appartient à l'une de ces trois classes et qu'elle parcourt un chemin pavé ou ferré. Ainsi, pour un poids de 800 livres, on attèle, sur une route pavée, à un char léger non suspendu, 2 chevaux; à une chaise ou cabriolet suspendu, 3 chevaux; à une berline, 4 chevaux. Sur une route non pavée, à la première voiture, 3 chevaux; à la seconde, 4; 4 aussi à la troisième, qui devrait transporter un poids de 900 liv., pour que 5 chevaux dussent être payés. — Des transactions entre le maître de poste et le voyageur sont autorisées, par l'entremise de la direction ou de l'of-

(1) Ces renseignements recevraient plus d'importance, si l'administration française mettait à exécution un projet qui a quelque analogie avec le mode usité en Prusse; ce projet qu'elle a dans le temps formé, et qui n'est pas sans graves inconvénients, mériterait cependant examen.

(2) « Pour l'âge, portent les instructions, les voyageurs seront crus sur parole, sans preuves ultérieures. Si les bagages sont pesés, contre la volonté du voyageur, l'employé de la poste sera responsable si de puissants motifs n'ont pas justifié ses soupçons. »

ficier de la poste, qui prononce de suite sur toute discussion qui s'élève.

Le prix de la course est proportionné à la vitesse : ainsi le cheval des estafettes, qui fait 2 milles à l'heure, à peu près 3 lieues 3/4, est payé 35 *sgr.*, dans les provinces de Westphalie et du Rhin. Le cheval de poste attelé à une voiture, quoique portant un poids plus fort, n'est payé que 25 *sgr.* C'est un tiers de moins, parce que la vitesse est moindre d'un tiers environ; le parcours de la même distance de 2 milles ne se fait plus alors dans une heure, temps fixé pour le cheval d'estafette, mais en une heure vingt minutes sur un chemin ordinaire, en une heure trente minutes si le chemin est montueux, en deux heures si le chemin n'est que ferré : terme moyen, en une heure trente-sept minutes. C'est moins de 2 lieues 1/4 de France à l'heure. Chez nous, un cheval de malle-poste fait jusqu'à 4 lieues dans le même espace de temps.

L'ITALIE.

Les différents États de l'Italie n'ont point pour leurs postes de règles bien déterminées. En général, le monopole y existe en faveur des gouvernements. Le système des adjudications est presque partout en vigueur; et les contrats sont exécutés avec plus ou moins de régularité. Une omnipotence incontestée est abandonnée à l'administration, et les titulaires momentanés des relais se trouvent placés de tous points sous l'empire de son bon plaisir. C'est ainsi qu'en Sardaigne, l'art. 33 du réglement, après avoir décidé que « les services des relais seront « adjugés au moyen de concours public, » déclare, art. 34, que « l'inspecteur général modifiera ou confirmera les « soumissions existantes, et en fera de nouvelles au

« besoin. » Ce qui prépare la contradiction complète que l'art. 71 établira avec cet art. 33 : « Les maîtres de poste « sont nommés par l'inspecteur général. Ils peuvent être « titulaires d'un ou de plusieurs relais. »

Les divers gouvernements, en Italie comme dans tous les pays où le monopole des postes est exercé pour le compte de l'État, ont aussi le monopole de la conduite des voitures publiques. C'est là, en effet, une des conditions vitales de l'institution ; elle en a été le principe, en France comme partout. — Et, par suite, dans ces États aussi, des mesures sont prises contre les entreprises des particuliers. C'est ainsi que la prohibition portée chez nous contre les voituriers voyageant à grandes journées est reproduite dans l'art. 92 du réglement de Sardaigne : « Il est défendu aux particuliers, voituriers, cochers et « autres de changer de chevaux, à moins de s'être arrêtés « 24 heures au lieu d'échange. »

Enfin, en Italie, comme dans tous les autres États, la France exceptée, les lignes fréquentées sont les seules où l'on trouve des relais réguliers ; les autres sont à peu près abandonnées. C'est là le résultat nécessaire de l'impossibilité où se trouve un gouvernement de joindre, comme nos maîtres de poste en France, à une exploitation ingrate, une industrie qui la soutienne. Ce résultat se trouve à peu près constaté en Sardaigne par un article de son réglement : « Les maîtres de poste..... par où il « ne passe pas de courrier de malle sont autorisés à em- « ployer autrement les chevaux d'obligation du service ; « mais ils devront toujours tenir à la disposition des « voyageurs une couple de chevaux et un postillon. »

L'ESPAGNE.

Nous dirons peu de chose des relais de l'Espagne. Là, le gouvernement traite directement avec des soumissionnaires qui, presque toujours, se perpétuent par eux ou par leur famille dans les relais qu'ils ont obtenus. Il participent à tous les avantages du monopole que l'État leur transmet, et dont le plus important se trouve dans la conduite exclusive des voitures. Ils jouissent, en outre, de franchises nombreuses, et sont exempts de toutes les charges municipales. — Là, plus qu'ailleurs encore, les grandes lignes de communication ont, seules, un service régulièrement organisé. De nombreuses améliorations étaient annoncées : les événements ont prononcé leur ajournement indéfini.

LA BELGIQUE.

Les nations chez lesquelles on remarque le service le mieux régularisé sont celles qui nous en doivent le bienfait, et qui ont précieusement conservé les traditions de l'occupation française, malgré ce que l'orgueil national a pu trouver de répulsion dans un pareil souvenir.

La Belgique ne reconnaît, quant aux postes, d'autres lois et d'autres réglements que ceux qu'une communauté de législation y avait introduits pendant sa réunion à la France. Des améliorations de détail sont dues cependant au chef aussi modeste qu'habile de cette administration, M. Delfosse, dont les organes de la publicité ne font pas quotidiennement l'éloge intéressé, mais qui n'en consacre pas moins tous ses soins à entourer de nouvelles garanties l'institution religieusement conservée. Les chemins de fer dont la Belgique est sillonnée pouvaient porter une grave atteinte à la prospérité des relais. Il paraît que des mesures de sage prévoyance seront adoptées. La loi du 15 ventôse an XIII recevra peut-être une extension nouvelle; et les voitures, soustraites par cette loi au droit indemnitaire, se trouveront placées sous l'empire de la règle générale, sans laquelle, en Belgique comme en France, il ne peut pas exister de relais. Cette grave matière est l'objet des méditations du ministre habile qui réunit dans ses attributions les postes comme les chemins de fer.

Une observation importante doit trouver ici sa place. La transmission des charges, rétablie en France par la loi du 28 avril 1816, n'existe point en Belgique. Le roi nomme, sans présentation de l'ancien titulaire ou de sa famille, aux diverses fonctions qui, en France, sont une propriété de cette famille. Pour les maîtres de poste seuls une exception a été faite. C'est qu'on a reconnu que l'État était lié avec eux par un contrat; que leurs droits, ils les avaient acquis à titre onéreux; qu'une indemnité illusoire serait une spoliation déguisée; une indemnité réelle une charge considérable pour le trésor; et, dans les deux cas, l'échange, contre des innovations hasardeuses, d'un ordre de choses dont l'expérience a consacré les avantages.

LA HOLLANDE.

La Hollande a fait plus encore que la Belgique. L'une a eu la sagesse de conserver l'héritage que nous lui avions transmis; l'autre, tout en bannissant, avec une sévérité dont trop tard elle a reconnu les dangers, ce qui rappelait la domination étrangère, n'a pas hésité à importer chez elle le système des postes françaises. Sous le gouvernement du prince Louis, on avait, mais vainement, tenté d'établir des relais réguliers. La plupart des routes, quoique bien entretenues, n'étaient ni pavées ni ferrées ; la multiplicité des canaux et des rivières nécessitait d'ailleurs de fréquents changements de voiture et de chevaux. Après la réunion de la Belgique à la Hollande, cette seconde partie du nouveau royaume reçut, du gouvernement si sage de son roi, des routes mieux construites, des bateaux à vapeur pour traverser les rivières. La même voiture conduisit alors de Bruxelles à Amsterdam ; et alors aussi, comme chez nous, ont été établis des relais transmissibles, alimentés par l'indemnité des 25 centimes. En un mot, le système hollandais, c'est le système français.

Et cependant le souverain si éclairé de ce royaume avait pu apprécier, en Angleterre, le résultat des adjudications publiques. La préférence donnée, au milieu de vives préventions, à une institution toute française, était un éclatant hommage. Nous allons voir si cet hommage était mérité.

L'ANGLETERRE.

Il n'existe point, en Angleterre (1), de maîtres de poste, ni de relais desservis au nom ou dans l'intérêt de

---

(1) Les renseignements qui vont suivre ont été puisés par nous dans un document officiel. Nous avons compulsé l'enquête faite en 1835 par une commission choisie dans le sein du parlement, et déposée à la Trésorerie, sur les améliorations à introduire dans le transport des dépêches. Nous résumons ici, dans ses points les plus importants, cette enquête faite devant des hommes spéciaux, et où l'on écoute, depuis le duc de Richemond, grand maître des postes, jusqu'au plus modeste employé, jusqu'au simple courrier. Cette enquête, faite comme les commissions les font en Angleterre, renferme 160 pages in-folio.

l'État. Les communications nombreuses que la richesse y a créées ont fait, des moyens de transport, une vaste branche d'industrie qui satisfait à tous les besoins, ceux du gouvernement compris. Là, une institution spéciale n'aurait pas été le résultat d'une nécessité; mais l'Angleterre, sous ce rapport comme sous tant d'autres, se trouve dans une position tout à fait exceptionnelle. Avec sa population agglomérée, ses magnifiques routes, son industrie active, sa race chevaline améliorée, elle offre des ressources que la France est loin de présenter au même degré. Voyons cependant si notre organisation des postes ne compense pas par sa perfection les avantages que nos voisins trouvent dans des conditions spéciales, et si même le service ne s'exécute pas chez nous plus économiquement, plus vite et plus régulièrement.

I. Sous le premier rapport, nous manquons de termes exacts de rapprochement, car le système anglais ne présente aucune analogie ni avec celui que l'on voudrait introduire chez nous, ni avec l'institution actuelle.

En Angleterre, le grand maître des postes regarde le louage des voitures qui transportent les dépêches comme l'objet principal de sa sollicitude; car c'est le prix de cette location qui exerce une influence décisive sur le prix de conduite des dépêches. — Les malles-postes parcourent 13,000 milles; le nombre des malles pour lesquelles un contrat est fait est de 300. Ce contrat existait depuis quarante ans avec la même maison; il avait été renouvelé, le 30 décembre 1821, pour quatorze ans. Le prix moyen de chaque voiture fournie était de 3 d. par mille. Quelques changements ont été effectués, par suite de l'enquête, dans les conditions des contrats, malgré l'opinion personnelle du grand maître. Et ici apparaît une différence, qui mérite d'être remarquée, dans les mœurs constitutionnelles des deux pays.

Chez nos voisins, une commission du parlement se borne à témoigner un désir; c'est un ordre pour l'administration, qui cependant avait des convictions contraires : « Le grand maître des postes n'a plus aucune hésitation, puisqu'il connaît les intentions des commissaires. Il eût même été *impardonnable* de se commettre par quelque acte définitif avant de connaître leurs vues. » (Rapport de M. Johnson, surintendant des postes, du 29 mai 1835.) —En France, la question de la réduction des malles, effectuée en 1831, de *quatre places* à *trois places*, et par suite d'un revenu pour l'État de 2,280,000 f. à 1,666,000 f. (1) est agitée de nouveau. La commission du budget déclare, en termes formels, « qu'il est bien à désirer que l'administration se presse de passer l'adjudication relative à la nouvelle fourniture de *malles-postes à quatre places.* » Un vœu si formel est exprimé le 7 juin, et c'est le 25, dix-huit jours après, que le chef de l'administration des postes signe un contrat pour la fourniture des malles-postes..... *à trois places !* — Et cependant, s'il est un exemple à suivre chez nos voisins, certes, c'est celui qui mettrait un terme à ces marchés sans fin qui se sont succédé chez nous depuis 1830, par suite de changements incessants dans la confection des malles-postes.

Les entrepreneurs des relais anglais sont obligés de se servir des voitures dont l'administration fixe le prix et garantit le paiement. L'allocation faite par l'État aux entrepreneurs n'est pas uniforme. Elle varie dans la pro-

(1) V. p. 14.

portion de 1 à 9 (1). Mais elle ne constitue pas leur véritable bénéfice. Ils le trouvent dans le transport qu'ils effectuent, pour leur compte, et au prix qu'ils déterminent, des voyageurs et des marchandises peu encombrantes. Les stations pour les repas étant déterminées par l'entrepreneur, les maîtres d'hôtel attachent de l'importance à devenir adjudicataires d'une ligne (2). — Ces adjudicataires ont des sous-traitants à leur choix. Les conventions sont faites avec eux pour un an ordinairement. « Toutefois le marché n'est pas même toujours fait pour un temps déterminé, étant simplement, dans beaucoup de cas, un accord qui peut être rompu, en prévenant vingt-huit jours à l'avance. » (*Rapport des commissaires.*) — Enfin c'est là, et par opposition à ce qui existe dans les autres États de l'Europe, une affaire purement commerciale. Les conséquences d'un pareil système, sous le rapport gouvernemental, sont d'avance pressenties. — Mais sous le rapport financier même, les obligations contractées par l'État ont leur importance. Il paie une allocation ; il abandonne le prix des places des voyageurs; (3) il permet le transport des marchandises, il dis-

(1) « Pourquoi certains entrepreneurs font-ils l'affaire à un d. par mille, tandis que d'autres reçoivent 4, 5 et même 9 d. ? R. Il n'y a d'autre explication à donner à cela que le pouvoir qu'on a de le faire quelquefois à tel prix, et à l'impossibilité dans d'autres. »

(M. JOHNSON.)

(2) Si la malle met le nom de la maison, a beaucoup de voyageurs, et prend beaucoup de paquets, nous fournissons alors les chevaux quelquefois même pour rien. »

(WILLIAM HORNE.)

(3) En France, « le prix des places prises dans les malles-postes s'est élevé à 2,280,000 fr. avant le malencontreux changement de 1837,» (*Rap-*

pense les entrepreneurs des droits de péage, charge fort lourde pour les autres voitures.

En France, les obligations d'un maître de poste sont, pour le transport des dépêches, impérieusement tracées: il doit, chaque jour, fournir 8 chevaux pour la malle montante et la malle descendante; dans certaines localités, il en faut 10 et, en hiver, jusqu'à 12. La somme payée était, par poste, de 12 fr. jusqu'en 1831; nous avons vu qu'elle fut, par une mesure sévèrement qualifiée par la commission du budget (1), diminuée d'un quart quand la vitesse fut augmentée d'un tiers. L'administration paie donc 9 fr.; c'est un prix ordinaire, par cheval et par poste, de 1 fr. 13 cent.; dans certaines localités, il se trouve réduit à 90 cent., et quelquefois à 75 cent. — Quel entrepreneur anglais et quel adjudicataire en France traiteraient à de pareilles conditions?

La parcimonie de la part de l'État est, en pareille matière, un mauvais calcul, quand elle n'est pas une injustice. Nous pensons que le gouvernement anglais a fait un mauvais calcul; l'administration française s'est réservé l'injustice. Qu'est-il arrivé cependant? C'est que, par la force de son principe, l'institution française se trouve encore féconde en avantages dont le système anglais est privé.

II. L'un de ces avantages consiste, chose étrange! dans la vitesse plus grande obtenue en France. Nous

---

port de M. Sapey.) — C'est, à 120,000 fr. près, le prix payé par l'État pour le service des relais.

(1) *V.* p. **14**.

avons déjà vu (1) que, d'après la déclaration du surintendant des postes anglaises, la marche ordinaire d'une malle-poste est, *les retards non compris*, de 8 milles, c'est-à-dire de 3 lieues 1/4 à l'heure, et la vitesse la plus extraordinaire, de 10 milles, c'est à dire de 4 lieues 1/4 ; et qu'en France, avec nos routes si imparfaites, avec nos chevaux dont l'éducation est si négligée, la vitesse moyenne des malles-postes est, à l'heure, de 3 lieues 1/2, quelquefois de 4 lieues, et que cette vitesse, pour les malles-estafettes, est portée jusqu'à 4 lieues 1/2.

Et encore, remarquons-le bien : lorsque le transport des dépêches en Angleterre a reçu une célérité que nous avons surpassée en France, le gouvernement a compris la nécessité de diminuer la longueur des relais, ou d'augmenter les prix de la course, dans la proportion de la rapidité imprimée; c'est ce que constate M. Johnson à l'occasion de la malle d'Edimbourg. — Or, nous avons encore en France des relais de 3, 4 et 5 lieues, auxquels la même rapidité est imprimée. Il en résulte, comme nous l'avons déjà vu, que tel maître de poste, celui de Pontoise à Chars, par exemple, est obligé, pour faire son parcours de 2 postes 1/4, de relayer trois fois, c'est à dire d'avoir 8 chevaux quand l'administration lui en paie 2.

Nous avons établi aussi que, chez nous, l'époque où une vitesse plus grande était imprimée au transport des dépêches avait été choisie pour diminuer, par une dérisoire compensation, le prix de conduite. La Prusse, au même moment, fixait le prix des courses dans la proportion de la célérité; et l'Angleterre nous disait, dans des

(1) V. p. 15.

termes que nous devons répéter ici, comment elle était juste et progressive à la fois :

« D. L'augmentation de la vitesse doit-elle augmenter la dépense? — R. Sans doute, car il faut alors plus de chevaux, de meilleurs chevaux, des relais plus courts et des dépenses de toutes sortes; les chevaux s'usent plus vite et se rompent les jambes (1).

« D. Quelle estimation faites-vous sur la moins-value des chevaux par suite d'une vitesse plus grande? — R. Nous estimons, année commune, qu'un s'use sur trois; que l'on perd ainsi un tiers du capital par an, soit par accident, par usage, ou de toute autre manière.

« D. Quelle est l'augmentation? — R. Elle a été portée de 3 à 5 d. par mille, et même plus, selon les circonstances. »

(M. F. Freeling, *deuxième surintendant des postes.*)

« Le prix moyen payé par l'administration des postes est de 3 d. le mille; mais sur les routes où la rapidité a été accrue, il a été jugé nécessaire d'allouer 4, 5, 6 et jusqu'à 8 d. »

(*Rapport des commissaires du Parlement.*)

III. La régularité dans la vitesse imprimée est l'élément principal de tout service de transport bien organisé. En France, une obéissance passive a accueilli, dans tous les relais sans exception, l'ordre d'une vitesse uniforme, non rétribuée, et dont l'exagération est maintenant démontrée. Cette régularité n'existe point en Angleterre. Ecoutons le surintendant des postes:

---

(1) Dans cette dépense doit figurer la réparation des accidents qui se multiplient en Angleterre comme en France. « Les malheurs sont nombreux; ma voiture a tué une personne, il y a quelques nuits. La malle-poste de Manchester a aussi tué trois ou quatre personnes, il y a quelque temps. »

(William Horne.)

« D. Combien fait la malle régulière de Douvres? — R. Environ sept milles et demi à l'heure. Cette malle-poste est horriblement mal dirigée; il n'y a que la dépense et la difficulté de trouver un autre entrepreneur qui nous empêchent de changer. Cependant j'ai en ce moment des ordres du grand-maître des postes pour essayer si on ne pourrait pas établir un meilleur système sur cette route.

« D. Il résulte d'un rapport que vous avez envoyé, que, sur la ligne entre Varwick et Lynn, la vitesse n'égale pas trois milles en une heure et demie.

« R. C'est vrai; mais (ajoute le même administrateur, et le nouveau système d'adjudication publique en France va se trouver jugé) il est quelquefois impossible de trouver des entrepreneurs qui consentent à aller avec la vitesse nécessaire; il n'y a pas (1) un assez grand concours d'entrepreneurs pour que nous puissions leur faire une loi de la vitesse que nous désirons. »

(M. Freeling.)

Parfois le service n'est plus seulement mal fait, mais il est complètement interrompu :

« Il m'est arrivé d'être des semaines et des mois sans pouvoir trouver à combler une lacune... La voiture qui va à Norwich, par Newmarket, a été suspendue deux fois faute d'entrepreneur.... Nous avons voulu établir une malle de Stamford à Yarmouth, mais bientôt toutes les voitures ont succombé; et, comme il serait très important que cette communication fût rétablie, j'ai essayé toute l'année passée et toute cette année à passer un contrat, mais sans succès.— Enfin nous ne pouvons établir une malle que là où nous trouvons des entrepreneurs, et nous ne pouvons pas en trouver sur toutes les routes. »

(M. Johnson.)

Voilà l'état des choses officiellement constaté en An-

(1) Même en Angleterre!

gleterre. Et cependant ici il va éclater ce sentiment d'orgueil dont nous ne fûmes pas toujours les justes appréciateurs, et qui confond l'amour du pays avec le respect de ses institutions. — En France, nous trouvons dans un de nos services les plus importants une organisation, objet d'envie pour les autres peuples, et nous chargeons nos ambassadeurs de chercher chez eux l'exemple que nous pourrions leur offrir. — En Angleterre, un système a des inconvénients hautement proclamés ; on le conserve pourtant ; on repousse les innovations étrangères : pourquoi ?

« Parce qu'on ne doit pas perdre de vue, dit le chef actif de cette administration, que le service actuel a pour lui une expérience de cinquante ans, et que, d'ailleurs, *il représente un système national.* »

(M. Johnson.)

Nos réformateurs, qui ont sans doute étudié l'Angleterre, croient remédier aux dangers révélés de leurs innovations, en stipulant (art. 12 de la loi d'avance improvisée) que les adjudicataires fourniront une caution. Mais c'est dire, en d'autres termes, qu'à chaque infraction l'administration pourra faire un procès, indépendamment de ceux qu'on lui intentera pour des prétentions exorbitantes. Aujourd'hui, il lui suffit d'un signe : c'est un ordre souverain ; s'il n'est pas respecté, quelque arbitraire qu'il soit, destitution et ruine, voilà la peine toute trouvée. — Veut-on savoir, d'ailleurs, quel est le résultat de ces conventions civiles garanties par un cautionnement ? L'Angleterre va encore nous servir d'enseignement ; elle nous apprend tout ce qu'une pareille précaution a d'illusoire dans la réalité.

« D. Vous dites que l'on insiste rarement sur les peines encourues, avez-vous connaissance de quelques cas où l'on en a prononcé pour inobservation des contrats? — R. Nous avons procédé pardevant l'échiquier contre un grand nombre de personnes, lorsqu'elles ont été réfractaires ou en perte de temps; mais elles en ont toujours été quittes en payant les dépens. »

(M. Johnson.)

En résumé, sous le rapport de l'économie, de la vitesse, de la régularité du service, et enfin sous celui de l'avantage pour le public de n'être pas abandonné à la discrétion des loueurs de chevaux, les postes françaises l'emportent sur les relais anglais; c'est dire qu'en ce point, aucune nation ne nous a égalés. Présentons une dernière considération.

La législation française, d'accord avec la jurisprudence établie par le conseil d'État, a donné aux maîtres de poste une double qualité: ils sont agents de l'autorité et entrepreneurs de transports; à ce dernier titre, ils ont des établissements qui représentent un capital énorme; le premier les rend destituables: c'est là la plus puissante des garanties; et là aussi se trouve peut-être le secret tout entier de l'admirable organisation du service. — Ajoutons que les maîtres de poste doivent se diriger, avec leurs attelages, sur un simple ordre, vers tous les points du royaume où leur concours peut être utile à l'État. En 1814, quand la France subissait une invasion, tel maître de poste arrivait du fond de la Vendée avec ses chevaux, ses postillons; et c'était dans les plaines de la Champagne qu'ils traînaient nos canons. A l'époque des derniers troubles de Lyon, 20 estafettes ont été expédiées de Paris, dans le même jour, et 60 postes étaient vingt fois franchies avec rapidité.... Disons donc comme nos voisins, et avec un orgueil bien mieux justifié: « Nos postes sont une institution nationale; quatre siècles « l'ont consacrée : n'y touchons pas. »

CHAPITRE V.

DES CHEMINS DE FER, ET DE L'INDEMNITÉ RÉCLAMÉE PAR LES MAITRES DE POSTE.

Le principe de l'indemnité se trouve écrit dans l'ancienne législation. — La loi de l'an XIII le consacre. — L'existence des relais est subordonnée à son application aux chemins de fer. — Réclamation adressée par les maîtres de poste à la Chambre des députés en 1838. — Rapport de MM. Vivien et Vitet. — Conclusion.

« Les postes, pour être utiles, doivent offrir des lignes « continues. » Ces mots prononcés par M. le président de la Chambre des députés, dans la séance du 20 juin dernier, renferment une vérité dont la portée, en ce qui touche les chemins de fer, doit être bien comprise.

Les chemins de fer anéantissent les relais qu'ils traverseront, ou qui ne seront pas préservés, par leur distance, du danger d'une si redoutable concurrence. C'est une pensée qui s'est, de suite, présentée à tous les esprits, mais sans que ses conséquences nécessaires, immédiates, aient peut-être été appréciées dans toute leur étendue. — Les voies nouvelles de transport ne s'établiront sans doute que sur les grandes lignes de communication; mais que deviendront les lignes secondaires, trop peu fructueuses pour que la magique vapeur daigne les mettre à contribution? Il faudra donc avoir deux systèmes de transport rapide, tous deux incomplets, et dont l'un deviendra même bientôt impossible.

Des 1,400 relais qui existent en France, 480 seulement desservent les routes qu'on pourrait appeler artérielles; il en est donc 920 qui se maintiennent, quoique sur des points peu fréquentés, par une sorte de miracle qu'une longue suite d'efforts et de sacrifices ont créé. Mais ces 920 relais, qui représentent un parcours de 3,840 lieues, ne reçoivent la vie que des grandes lignes de poste auxquelles ils aboutissent; ils disparaîtront donc avec celles-ci! Il suffit même des trois grandes lignes du Midi, du Nord et de l'Ouest, qui sont dans ce moment menacées, quoique sur une étendue d'abord restreinte, pour jeter tous les relais du royaume dans une irremédiable perturbation. C'est que ces relais ont entre eux une indispensable corrélation; ils forment comme un vaste réseau qui, aujourd'hui, couvre le sol de la France entière, mais qui sera bientôt brisé, si quelques mailles viennent à manquer.

Un intérêt général bien compris vient donc nous dire qu'il faut protéger ce qui est, tout en se préoccupant de ce qui sera. Cette protection ne serait pas écrite dans nos lois, que les relais ne devraient pas moins y compter. Il dépend toujours du pouvoir, auquel une concession est demandée, de la subordonner à telle charge qu'il juge équitable. Et s'il a la conviction, d'une part, que l'établissement des postes doit être maintenu, et, de l'autre, que leur existence est mise en péril par les nouvelles voies de transport, concédées sans indemnité, il est de sa haute sagesse d'imposer cette indemnité comme condition de la concession. Que sera-ce donc si l'indemnité se trouve, d'avance, écrite dans la législation qui nous régit?

Nous avons établi, au chapitre III, que c'est à titre onéreux que les maîtres de poste avaient obtenu la concession de leurs relais, et que la compensation des charges nombreuses qui leur furent imposées se trouva dans le droit de conduire, à l'exclusion de toute autre entreprise, tous les voyageurs sur tous les points du royaume.

Qu'advint-il cependant? Ce que le progrès de la science, enrichie de découvertes nouvelles, réclame pour les chemins de fer, en 1838, le progrès de l'industrie le demanda, en l'an XIII, pour les voitures publiques. Les différents modes de transport furent abandonnés à la libre concurrence; mais alors, comme aujourd'hui, on voulait conserver l'institution des postes: on soumit les voitures qui ne prendraient pas les chevaux d'un relais à une indemnité que la loi détermina. C'est aujourd'hui le même intérêt à défendre; ce sont les mêmes règles de justice à invoquer; disons mieux: la loi du 25 ventôse an XIII, dans la généralité de ses dispositions, embrasse la création nouvelle, en principe du moins, et sauf à déterminer l'application de ce principe.

Prétendrait-on que les transports à l'aide de la vapeur ne peuvent être assimilés aux transports effectués par les voitures publiques, et que les premiers n'ont pu être l'objet des lois que nous avons citées? — Nous répondrions, d'abord, que ces lois parlent en termes généraux du transport des voyageurs, sans déterminer le mode de transport; et qu'en remontant à nos anciennes lois, nous y trouvons écrit, par une remarquable analogie, le principe de l'indemnité pour d'autres transports que celui des voitures publiques. C'est ainsi qu'un édit du 19 août 1735 décide que les postes placées près des rivières où *des coches d'eau* sont établis recevront une indemnité de 3 fr. pour chaque voyageur prenant la voie d'eau au détriment du relais. Cet édit semble justifier d'avance l'interprétation si exacte que donne M. Vivien de la loi du 15 ventôse, dont l'objet est, selon lui, de frapper d'un droit *toute entreprise de transport de voyageurs.*

Ajoutons que l'identité des deux modes de transport, quant à l'indemnité à laquelle le plus ancien aurait été assujetti, vient d'être formellement reconnue par une loi nouvelle. L'État n'avait abandonné à la liberté d'industrie sa part, fort contestable d'ailleurs, de droit à l'exploitation des messageries, que moyennant un dixième du prix des places ; l'abaudon et la condition à laquelle il était surbordonné ont été stipulés par la loi du 29 vendémiaire an VI ; ce qui avait été imposé aux messageries s'appliquait-il nécessairement aux chemins de fer? La Chambre a répondu affirmativement ; et c'est avoir décidé la question soulevée par les maîtres de poste. L'État, en effet, a de même stipulé, dans la loi du 15 vendémiaire an XIII, qu'une indemnité serait payée par les mêmes messageries aux maîtres de poste pour l'abandon de ce même droit. Par une analogie évidente, cette indemnité, ou un dédommagement équivalent, doit être imposée aux concessionnaires des chemins de fer. Les deux indemnités sont, en effet, d'une nature identique ; et il serait contraire à toutes les notions de la justice de faire, du même principe, deux applications contradictoires.

Ecartons donc cette objection banale que l'industrie

des maîtres de poste doit être assimilée aux autres industries, au sein desquelles les nouvelles voies de communication vont jeter la perturbation ; et que l'État n'est jamais lié lorsque le temps, dans sa marche, créant des besoins nouveaux et des nécessités nouvelles, pousse au renversement de ce qui avait été garanti. C'est là le dernier mot et souvent la première espérance des révolutions; dans des temps d'ordre et de paix, c'est une doctrine anti-sociale. Restons dans le vrai : il est des industries qu'une liberté illimitée protège; que ces industries épient et suivent, à leurs risques et périls, les mouvements qu'entraîne l'inévitable loi du progrès ; qu'elles participent à ses chances, en souffrent ou en profitent: c'est leur destinée. — Mais au milieu de cette grande émancipation du travail et de l'industrie, la raison d'État, qui recule devant l'absolu des meilleurs systèmes, a introduit des restrictions au principe général, et ce qu'on a appelé privilége pour quelques-uns n'est qu'une garantie stipulée en faveur de tous. — Et quand ce privilége a ses conditions, ses charges, et parfois, les maîtres de poste ont le droit de le dire, ses dures lois; que ces charges sont supportées, ces lois obéies, la protection que la puissance législative a promise ne doit pas être une déception, et il ne faut pas que la ruine soit le prix de la foi qu'on aura eue en elle.

Déjà la Chambre des Députés a été appelée à se prononcer sur le principe que nous invoquons. Quand la discussion s'est ouverte sur la concession des chemins de fer du Hâvre et d'Orléans, les maîtres de poste qui, jusqu'au dernier moment, avaient espéré que l'administration prendrait l'initiative, se sont trouvé forcés de provoquer eux-mêmes une mesure protectrice de leurs droits. Nous avons soumis alors aux commissions un rapide travail, et leurs membres ont été unanimes sur la nécessité de venir au secours de l'institution menacée.

« Les maîtres de poste, a dit M. Vivien, rapporteur de la commission du chemin de fer d'Orléans, prétendent à une indemnité à raison de l'établissement des chemins de fer, non pour la conduite des voitures qu'ils perdront, mais par suite de la diminution et de la suppression du droit de 25 centimes qui leur est attribué par les lois. Ce droit est établi sur *toute entreprise de transport de voyageurs* qui parcourt plus de dix lieues par jour; il est payé par les diligences, par les entreprises de messageries, et il produit, pour quelques maîtres de poste, des revenus considérables. L'établissement des chemins de fer amène la suppression des messageries, des services de long transport; et, par suite, il tarit cette source de revenu. Cette abolition causera un préjudice immense aux maîtres de poste; elle peut avoir pour conséquence la destruction de leurs établissements, et priver ainsi d'un service public très utile.

« Ils demandent que les voyageurs sur le chemin de fer soient soumis à un droit analogue à celui qui était payé sur les routes ordinaires, et ils s'en rapportent au gouvernement et à la loi pour la fixation de ce droit.

« Votre commission n'entend nullement admettre que les conséquences naturelles de l'établissement d'une industrie nouvelle puisse donner ouverture à une indemnité quelconque; mais elle ne peut pas s'empêcher de remarquer que les maîtres de poste sont dans une position spéciale, et la nécessité de maintenir les relais pourrait commander des dispositions particulières. Le gouvernement doit conserver l'initiative des mesures à prendre; nous n'entendons rien préjuger à cet égard; nous devons seulement constater que s'il y avait lieu ultérieurement d'accéder à la demande des maîtres de poste, en établissant à leur profit un impôt sur les personnes qui voyagent dans les locomotives, comme il existe aujourd'hui sur celles qui voyagent sur les diligences, les termes des concessions ne feraient aucun obstacle à cette création. Le gouvernement est toujours le maître, non de réduire les tarifs, ce qui serait incompatible avec les clauses des concessions, mais d'établir des droits à la charge des voyageurs, et il ne pourrait renoncer à cette faculté sans abdiquer sa souveraineté. »

M. Vitet, rapporteur de la commission du chemin de fer du Hâvre, a été l'organe des mêmes convictions :

« Une demande d'indemnité, a-t-il dit, nous a été également adressée par les maîtres de poste des routes de Rouen, du Hâvre, Dieppe, etc. — L'établissement du chemin de fer aura certainement pour résultat de faire renoncer presque généralement à l'emploi de la poste au chevaux; et cependant le maintien des relais dans la plupart des localités où ils sont aujourd'hui placés sera peut-être jugé nécessaire, dans l'intérêt de la circulation générale du royaume, car les chemins de fer ne pourront jamais desservir que les lignes principales.

« Il sera donc du devoir de l'administration d'examiner si le maintien de l'institution de la poste aux chevaux étant nécessaire, elle doit proposer aux chambres telle mesure qui permettrait de laisser subsister les relais.

« Envisagée sous ce point de vue, la réclamation des maîtres de poste mérite assurément d'être prise en considération sérieuse; mais votre commission a pensé que l'initiative d'une proposition quelconque à ce sujet devait appartenir exclusivement à l'administration. »

L'initiative que les deux honorables rapporteurs veulent laisser à l'administration lui appartient de plein droit, et nous ne chercherons pas à empiéter sur sa légitime prérogative. C'est à elle à déterminer la quotité de l'indemnité, son mode de perception. Bornons-nous à deux observations.

La première, c'est qu'il y aurait grave danger à sacrifier une institution que le temps a consacrée à une création nouvelle, qui ne peut la remplacer complètement, et que peuvent entourer tour à tour et un engouement passionné et une injuste défaveur.

La seconde, c'est qu'une indemnité imposée aux concessionnaires des nouvelles voies de transport ne pèserait même pas sur ceux-ci. Ce serait, pour les voyageurs seulement, une charge légère, de beaucoup inférieure à celle qu'ils acquittent dans les voitures publiques, en vertu de la loi de l'an XIII; et alors que les frais de transport se trouveraient réduits dans une proportion jusqu'alors inespérée. — L'administration des postes a établi, « et par des calculs certains, » dit-elle, que le droit de 25 c. s'élève, pour chaque voyageur, à 8 c. par poste. Voilà une base d'indemnité. Elle peut recevoir une forte réduction, et offrir encore aux titulaires des relais un dédommagement suffisant. — Le gouvernement, dans sa prévoyante sagesse, suivra l'impulsion que déjà la Chambre a donnée, et que l'administration des postes regrette sans doute de ne pas avoir été la première à provoquer. Il usera, même à l'égard des concessions déjà faites, d'une faculté à laquelle il n'aurait pu renoncer sans abdiquer sa souveraineté. C'est là pour les relais une question de vie ou de mort. Et la Commission, prenant une initiative de conservation, dira en 1838, comme l'homme éminent qui la préside disait en l'an XIII : « Nos postes existent pour le bonheur de la France, on ne peut les conserver avec trop de soin. »

FIN.

www.ingramcontent.com/pod-product-compliance
Ingram Content Group UK Ltd.
Pitfield, Milton Keynes, MK11 3LW, UK
UKHW031923260826
14628UKWH00003B/1390

9 782019 645106